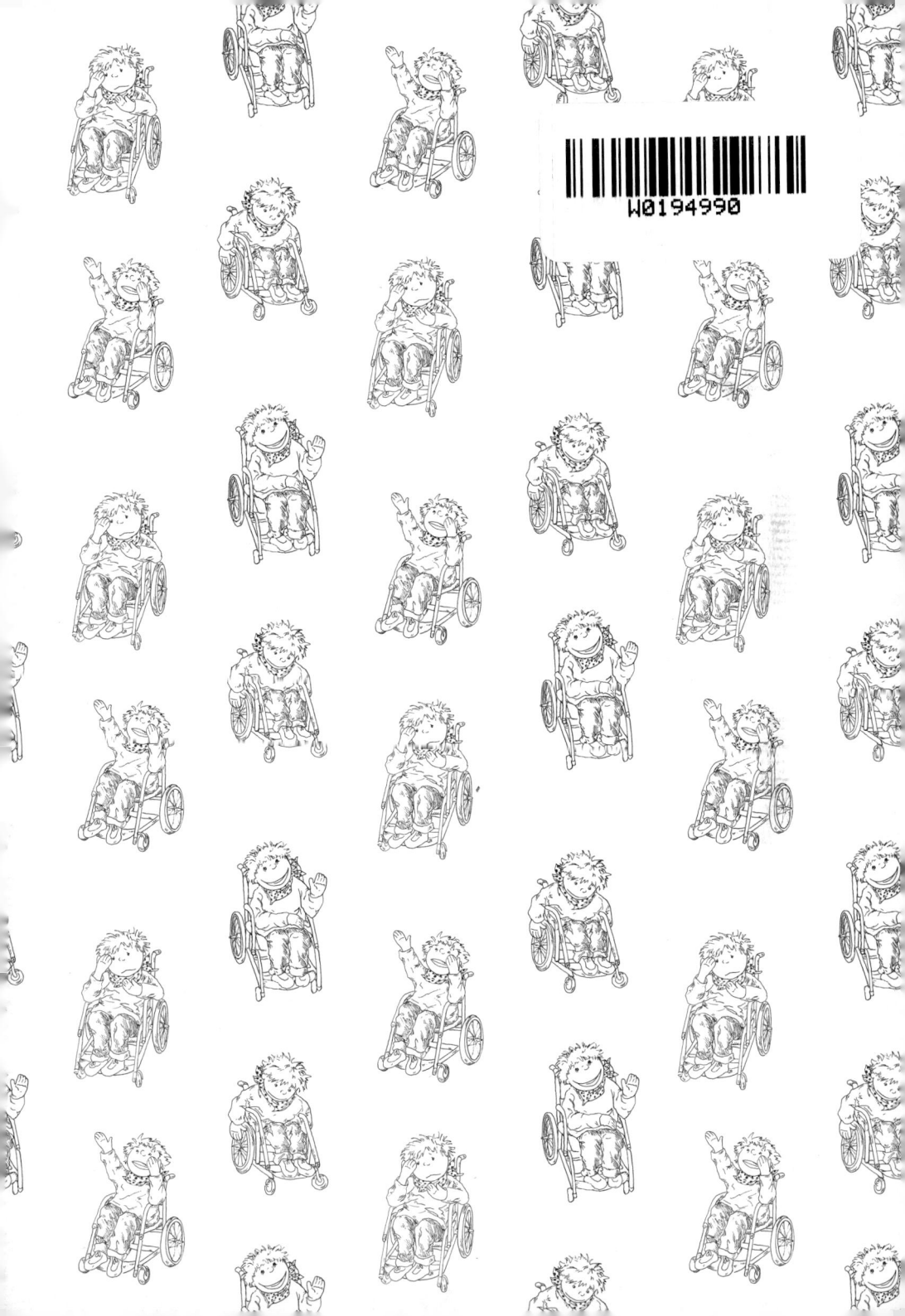

Charlotte Knees / Marlies Winkelheide (Hrsg.)

Ich bin nicht du – du bist nicht ich

Charlotte Knees / Marlies Winkelheide (Hrsg.)

Ich bin nicht du –
du bist nicht ich

*Aus dem Leben mit
behinderten Geschwistern*

Verlag Butzon & Bercker Kevelaer
einhard verlag Aachen

„Das Kind wird nicht erst Mensch, es ist schon einer."

Janusz Korzcak

In Respekt und Achtung vor der Würde und Persönlichkeit jedes einzelnen Menschen versuchen wir, mit Menschen zusammenzuleben. Wir danken allen Kindern und Jugendlichen, die uns ihre Texte zur Verfügung gestellt haben. Wir haben viel von ihnen über das Leben von Menschen erfahren und für unsere eigene Lebensgestaltung gelernt.

Charlotte Knees / Marlies Winkelheide

Die Deutsche Bibliothek – CIP-Einheitsaufnahme

Ich bin nicht du – du bist nicht ich : aus dem Leben mit behinderten Geschwistern / Charlotte Knees/Marlies Winkelheide (Hrsg.). – Kevelaer : Butzon und Bercker ; Aachen : Einhard-Verl., 1999
    ISBN 3-7666-0208-X (Butzon und Bercker)
    ISBN 3-930701-66-9 (Einhard-Verl.)

ISBN 3-7666-0208-X   Verlag Butzon & Bercker
ISBN 3-930701-66-9   einhard verlag

© 1999 Verlag Butzon & Bercker D-47623 Kevelaer
Alle Rechte vorbehalten
Umschlaggestaltung: Astrid Leson, Münster
Satz: Elisabeth von der Heiden, Geldern
Druck und Bindearbeiten: Bercker Graphischer Betrieb, Kevelaer

Inhalt

Liebe Kinder, liebe Jugendliche

Liebe/r ....! *

Jede Familie ist anders: Ob in eurer Familie zwei, drei, vier, fünf oder mehr Kinder leben, ob es Mädchen oder Jungen, nur Jungen oder nur Mädchen sind, ob die Eltern zusammenleben oder getrennt, oder ob nur noch ein Elternteil lebt: Alles ist Familie.

In einigen Familien leben Kinder oder erwachsene Menschen mit Behinderungen. Vielleicht hast auch du einen behinderten Bruder oder eine behinderte Schwester. Möglich ist auch, dass einer von ihnen verstorben ist. Dann bist du jetzt vielleicht das einzige Kind in der Familie. In der Familie hat jeder seinen Platz. Jeder trägt seinen Teil zum Zusammenleben bei. Und jeder Teil ist wichtig, damit das Zusammenleben gelingen kann.

Wenn ein behindertes Kind in deiner Familie lebt, braucht es oft mehr Platz als die anderen. Für behinderte Menschen ist Unterstützung in vielen Lebensbereichen notwendig. Das braucht Zeit. Hinzu kommen besondere Termine wie Arztbesuche, regelmäßige Therapien usw. Wenn man deinen behinderten Bruder oder deine behinderte Schwester womöglich sogar nicht alleine lassen kann, weißt du, dass innerhalb der Familie immer abgesprochen

Auf die gepunkteten Linien (hier und auf Seite 80) kannst du deinen Namen eintragen, dann sind die Briefe für dich ganz persönlich geschrieben.

werden muss, wer zu Hause bleibt oder wer die Begleitung übernimmt. Und je nachdem, was in der Situation
zu tun ist, wirst du selbst herangezogen zu helfen oder
musst in dieser Zeit auf Vater oder Mutter verzichten. Ihr
habt als Familie viele Erlebnisse mit eurem behinderten
Familienmitglied. Ihr macht immer wieder aufs Neue die
Erfahrung, wie andere auf behinderte Menschen reagie-
ren. Du beobachtest viel und stellst dir unterschiedliche
Fragen. Manches unterscheidet deine Familie von anderen Familien, die du kennst. Jede Familie ist einmalig,
jeder Mensch ist einmalig.
Du erlebst viele Situationen, von denen du dir einige anders oder gar nicht wünschen würdest. Du denkst über
das Leben nach und machst dir Gedanken über euer Fa-
milienleben. Was deine spezielle Situation ausmacht, weißt
du sicher am besten.
Wir haben viele Jahre lang Kinder und Jugendliche, die
Geschwister von behinderten Kindern sind, zu Treffen eingeladen. Sie hatten bei diesen Tagungen die Möglichkeit,
ihre Erfahrungen auszutauschen, Erlebnisse mit den behinderten Geschwistern zu erzählen und Fragen zu stellen. Gemeinsam wurde versucht, Antworten auf Fragen
zu finden, dort, wo es möglich war. Manchmal erkannten
wir aber auch, dass Fragen offen bleiben mussten. Die
Kinder und Jugendlichen haben persönliche Erlebnisse
aufgeschrieben, und es kam zu dem Entschluss, einige Geschichten in einem Buch zu veröffentlichen, damit möglicherweise noch mehr Menschen davon erfahren, wie Geschwister behinderter Kinder ihre Familien sehen und
welche Fragen sie haben. Wenn du die Geschichten liest,

erkennst du vielleicht manche Situation wieder, die bei euch ähnlich geschehen ist.

Wenn du selbst keinen behinderten Bruder oder keine behinderte Schwester hast, lernst du die Sichtweisen betroffener Kinder und Jugendlicher kennen.

Eltern kommen in diesem Buch nicht zu Wort. Hier ist es in erster Linie unser Anliegen, die Sichtweise der Geschwister zu vermitteln. Sie unterscheidet sich von der der Erwachsenen. Das kennst du in deiner Familie sicher auch. Jeder erlebt anders. Das gilt auch für deinen behinderten Bruder, für deine behinderte Schwester.

„Ich bin nicht du – du bist nicht ich": Das ist der Titel dieses Buches. Wir wollen damit zum Ausdruck bringen, dass jeder von uns anders ist und das Recht auf seine eigene Entwicklung hat. Das heißt für uns auch, dass in der Familie jeder seinen Platz hat, der unverwechselbar und einmalig ist. Damit jeder diesen Platz ausfüllen kann, müssen ihm von den anderen seine Möglichkeiten zugestanden werden. Wir wissen, dass das nicht immer einfach ist. Miteinander reden ist wichtig. Die eigenen Gedanken zu äußern ist oft hilfreich. Es kann der erste Schritt sein, um bei nicht ganz einfachen Situationen zu einer Lösung zu kommen. Vielleicht helfen dir die Gedanken in diesem Buch, dass du neu mit dir und anderen ins Gespräch kommst. Das wünschen wir dir.

Charlotte und Marlies

Das ist Max

Max ist ein Kind mit mehreren Geschwistern. Einige sind älter als er, einige jünger. Melanie, seine um zwei Jahre ältere Schwester, werdet ihr in diesem Buch kennen lernen. Geschwister zu haben kann bedeuten, nicht allein sein zu müssen, gemeinsam zu spielen, Spielsachen auszutauschen und zu teilen, zu streiten, sich wieder zu versöhnen, sich ungerecht behandelt zu fühlen, wütend zu sein auf den Bruder oder die Schwester, jemanden zu haben, der zuhört und mit dem man reden kann, wenn die Eltern gerade keine Zeit haben.

10

So ist es auch bei Max und seinen Geschwistern. Allerdings ist Max ein Kind mit Behinderung. Das heißt, dass viele Tätigkeiten des täglichen Lebens, die für uns ganz selbstverständlich sind, für ihn gar nicht oder nur schwer durchzuführen sind. Essen, trinken, sehen, hören, sich bewegen, gehen, sprechen, lesen, schreiben, sich anziehen, zur Toilette gehen, sich waschen; vieles davon kann Max nicht selbständig. Er braucht Hilfe und Unterstützung, um das, was ihm schwer fällt, zu erlernen. Oft dauert es sehr lange, bis er eine neue Fertigkeit kann. Zusammenleben mit ihm heißt, immer wieder für ihn oder mit ihm zu überlegen, was er braucht, um zufrieden leben zu können. Max' Familie trägt in erster Linie dazu bei, dass er seine Lebensform finden kann. Manchmal ergeben sich Situationen, die schwierig zu bewältigen sind. Das gilt für alle Familien. Die Familie von Max ist zusätzlich vor Probleme durch die Behinderung gestellt, für die es oft nicht so schnell eine Lösung gibt. Dann sind Zeit und Geduld notwendig, um gemeinsam nach einem Weg zu suchen. Von allen sind Ausdauer und Durchhaltevermögen gefordert. In diesem Buch steht ihr, die Geschwister von Max, die Geschwister von behinderten Kindern, im Mittelpunkt. Was bedeutet es, einen behinderten Bruder, eine behinderte Schwester zu haben? Diese Frage haben wir Geschwistern in unterschiedlicher Form gestellt. Die Antworten sind in diesem Buch gesammelt.

Auch Max wird sich an einigen Stellen zu Wort melden; seine Schwester, Melanie, ist nämlich zu einem Seminar für Geschwister behinderter Kinder gefahren, und Max begleitet sie in Gedanken.

Melanies Brief an ihre Eltern

Liebe Mama, lieber Papa!

Jetzt fahre ich bald von der Tagung wieder zu euch zurück. Ich stelle mir vor, was ihr mich fragen werdet. Ich weiß, dass ihr ganz neugierig seid. Was kann ich euch erzählen? Mir purzeln noch so viele Gedanken durch den Kopf, dass ich gar nicht weiß, wo ich anfangen soll.

Ich habe zum ersten Mal so viele andere Kinder und Jugendliche getroffen, die auch einen behinderten Bruder oder eine behinderte Schwester haben. Ich habe hier sogar ein Mädchen kennen gelernt, dessen Bruder dieselbe Behinderung wie Max hat. Wir haben in den Pausen oft miteinander geredet. Wir konnten viele Erlebnisse austauschen, die ziemlich ähnlich waren. Manches war anders, aber das hat wohl damit zu tun, dass Max und Felix, ihr Bruder, doch zwei verschiedenen Menschen sind. Und in jeder Familie werden Dinge, die gemacht werden müssen, anders geregelt.

Viele Kinder haben von Schwierigkeiten erzählt, die sie mit ihren Brüdern und Schwestern haben, wenn sie in ein Restaurant gehen oder mit ihnen im Bus fahren müssen. Ich erinnere mich auch an die Blicke, die manche Menschen auf Max werfen, wenn wir mit ihm durch die Stadt gehen. Einige Dinge, die ich machen kann, wenn ich in eine solche Situation komme, habe ich mir gemerkt.

Das ist das Gute hier. Alle kennen so wie ich das Gefühl, manchmal nicht sagen zu wollen, dass man einen behinderten Bruder oder eine behinderte Schwester hat. Es ist die Angst, ausgelacht zu werden. Aber vor euch schäme ich mich, das zu sagen. Ihr wollt doch von mir, dass ich Max verteidige. Ich will das auch. Es fällt mir trotzdem manchmal schwer. Vielleicht würdet ihr das auch verstehen, wenn ich mal den Mut hätte, mit euch darüber zu sprechen. Ich würde zu gerne wissen, ob ihr dieses Gefühl kennt. Ich mag Max doch. Das muss ich nicht so oft sagen. Aber wer mag seinen Bruder schon immer? Ich habe viel von anderen gehört und nehme mir vor, euch öfter anzusprechen. Ich merke, wie gut es ist, von anderen lernen zu können.

Was Max jetzt wohl sagen würde? Ich bin gespannt, wie er das hier findet, wenn ihr mich abholt. Habt ihr gewusst, dass es auch Seminare gibt, zu denen Max alleine kommen kann? Ein Betreuer unterstützt ihn dann bei den Dingen, die er nicht alleine kann. Auch Familienseminare gibt es. Ich hätte große Lust, mit euch allen daran teilzunehmen. Ich freue mich auf euch. Aber lasst mir etwas Zeit und löchert mich nicht sofort mit Fragen, ja?

Vielleicht schaffe ich es, euch den Brief zu geben. Das war ein Vorschlag, der uns hier gemacht wurde. Deshalb habe ich hier alles aufgeschrieben. Später fällt mir sicher noch mehr ein.

Bis bald!

Eure Melanie

„Das werde ich nie vergessen"

Erlebnisse mit behinderten Geschwistern

Melanie fährt am nächsten Wochenende zu einem Treffen mit anderen Geschwistern behinderter Kinder. Eigentlich will ich nicht, dass Melanie ohne mich wegfährt. Am liebsten ist mir, wenn sie zu Hause bleibt und mit mir spielt. Ich spiele gern mit ihr und möchte das viel öfter, als sie Zeit hat. Ich möchte wissen, warum Melanie sich mit anderen Geschwistern treffen will. Wer weiß, was sie dort über mich sagt?

Auf den Seminaren erzählen die Kinder und Jugendlichen von ihren Erlebnissen mit den Geschwistern. Oft schreiben sie die Ereignisse auf, die ihnen wichtig sind.
Ihr findet hier die Originaltexte, die auf verschiedenen Tagungen entstanden sind.

Da habe ich Angst gehabt

Ich hatte gerade mein erstes Turnier im Kunstreiten. Doch dann hat meine behinderte Schwester dort gespuckt und mein Vater ist mit ihr nach Hause gefahren. Am Abend hat meine Schwester immer wieder gespuckt und meine Mutter hat einen Arzt geholt, und der hat gesagt, sie müsse einige Tage ins Krankenhaus und an den Tropf. Ich habe einen großen Schreck gekriegt und hatte Angst. Ein paar Tage später war meine Schwester wieder zu Hause. Als ich allerdings eines Morgens zu meinen Eltern ins Schlafzimmer wollte, lag dort nur mein Vater im Bett und sagte: „Mami ist mit Meike im Krankenhaus." Das war für mich nichts Neues mehr.

Anna (8 Jahre)

Mein Erlebnis

Wir sind zu Hause fünf Personen: Papa, Mama, meine Schwester Esther, mein Zwillingsbruder Claus und ich. Esther ist geistig behindert und kann nicht so gut turnen und sprechen. Aber sie schwimmt leidenschaftlich gern.

Vor zwei Jahren waren wir in Schweden. Dort war ein kleiner Campingplatz mit einem großen See. Auf dem See führte ein langer hölzerner Steg über das blaugrüne Wasser. Den Steg bevorzugten meist junge Leute, um braun zu werden. Sie legten sich mit Handtüchern auf den mit Moos bewachsenen Steg und sonnten sich.

Esther findet Schwimmen nun einmal so toll. So spielten Claus, sie und ich mit der Luftmatratze im Wasser. Aber daran hatte sie keine Freude.

Mama hatte nicht immer Lust, zigmal am Tag in den warmen See zu gehen, und schlief. Wir sollten ein bisschen auf Esther achten.

Esthi, die nach kurzer Zeit schon nicht mehr wusste, was sie machen sollte, ärgerte die Leute auf dem Badesteg, indem sie unter den Steg schwamm und das Wasser aufspritzen ließ. Die Leute ärgerten sich sehr, weil ihre Tücher, auf denen sie lagen, pitschepatschenass wurden. Zum Glück wussten sie nicht, zu wem Esther gehört.

Ein paar Minuten später sind wir zu Esther hin und haben ihr gesagt, dass sie das nicht machen soll, und weil sie es nicht durfte, fand sie es besonders toll und spritzte weiter.

Als es dann immer heißer wurde, freuten sich die Leute über eine Abkühlung. Dann waren sie froh, wenn Esther in den See ging und sie mit Wasser bespritzte.

Ines (11 Jahre)

16

Mein spannendes, komisches und auch trauriges Erlebnis

Mein behinderter Bruder und ich sind in den Ferien mit dem Bus zu meiner Mutter in den Laden gefahren. Fabian hat einen Behindertenausweis. Damit braucht er sich keine Fahrkarte zu kaufen. Fabian setzt sich gleich auf den Behindertenplatz. Und wenn ein älterer Mensch in den Bus hineinkommt, guckt er den sofort an, weil er Angst hat, dass er den Platz für sich beanspruchen können wolle. Er guckt ihn dann sehr lange an. Und so etwas ist uns passiert. Es kam eine alte Dame herein. Fabian guckt nur. Die Dame aber auch. Sie fragt Fabian: „Was gaffst du denn so?" Dabei hat sie selber nur gegafft. Und dann noch was. Eine Oma stieg in den Bus und behauptete, sie sehe im Bus nichts und habe mehr Recht, den Platz für sich zu behaupten. Und alle Leute hinten im Bus dann auch: „Ja, genau, die Frau ist viel älter und kann nicht so gut laufen und sieht nichts!"
Ich wurde richtig traurig. Fabian bekam danach sofort seinen Wutanfall und schlug wild umher. Die Frau hinter Fabian hielt ihn fest.
Ich schrie sofort: „Lassen Sie ihn los!" Fabian schrie auch. Danach ergab sich die Frau und meckerte nur noch rum. Das Komische war, dass hinter uns noch ganz viele Plätze frei waren und die Dame nicht im Stande war, sich dort hinzusetzen.

Mareike (11 Jahre)

17

Der Urlaub in Italien

Wir waren 1989 im Urlaub in Italien. Wir trafen dort Bekannte aus unserer Umgebung. Am dritten Tag hatten wir uns zum Grillen verabredet. Mein kleiner Bruder Kai war an dem Tag sehr bockig. Er wollte am Tag davor ein teures Spielzeugauto haben, hatte es aber nicht bekommen. Also wollte er am Tag danach gar nichts machen.
Wir zogen ihm seine Prothesen an, aber er wollte nicht mitkommen. Wir gingen zu den Bekannten in dem Haus gegenüber. Meine Mutter, mein Vater und ich saßen mit ihnen auf der Terrasse. Wir aßen und tranken zusammen. Auf einmal sah ich Kai vorne an dem Hauszaun. Da sagte mein Vater, er könne alleine gehen. Meine Mutter und ich rannten zu ihm hin. Da sagte mein Vater, dass er aus Trotz alleine gehen könne. Nur weil er gereizt war, konnte er gehen. Von da an konnte mein Bruder alleine mit Prothesen gehen.
Dieses Erlebnis habe ich ausgesucht, weil es einmalig ist und nicht wieder vorkommt.

Bastian (12 Jahre)

War das peinlich

Helge, meine Mutter und ich waren einkaufen. Helge wollte gern zu den Spielsachen, aber weil er da alles ausgeräumt hätte, fuhr ich mit ihm Rolltreppe. Das macht er auch gerne. Das Kaufhaus war voll. Sehr voll! Helge und

18

ich fuhren ein paar Mal hoch, ein paar Mal hinunter und dann plötzlich, als die Rolltreppe besonders voll war, beugte sich Helge zum Stopknopf und drückte ihn. Die Rolltreppe hielt an und die Leute fingen sofort an, uns anzustarren und wütend zu betonen, wie sehr sie sich gestoßen hätten.

Barbara (12 Jahre)

Das war witzig

Am Weihnachtsmorgen schmückten wir unseren Weihnachtsbaum. Auch Äpfel hängten wir an ihn. Als der Baum fertig war, kam Christine ins Zimmer, sah die Äpfel und biss in sie hinein. Nun hatten wir in diesem Jahr einen Weihnachtsbaum mit angenagten Äpfeln.

Henrike (12 Jahre)

Mein Erlebnis

Als ich mit Mama, Papa und meinem herzkranken Bruder Sebastian, der nicht so schnell laufen und auch andere Sachen nicht machen kann, auf Mallorca Urlaub gemacht habe, sind wir an einem schönen Tag am Strand entlanggelaufen. Mittags machten wir eine Pause in einem Restaurant.
Als der Kellner kam und uns die Speisekarte brachte,

sprach mein Bruder ihn gleich an: „Hallo, ich heiße Sebastian, und wie heißt du?"

Der Kellner guckte ihn verdutzt an, antwortete aber gleich: „Ich heiße Ricco."

Als er später nach dem Essen fragte, antwortete mein Bruder: „Nummer neun, Ricco."

Und Ricco antwortete prompt: „Kommt sofort, Basti!"

Als er dann das Essen brachte, unterhielt er sich ein wenig mit Basti.

Nachdem wir fertig gegessen hatten, kam Ricco, um uns die Rechnung zu bringen, und er sagte: „Vielleicht kommst du ja in deinem Urlaub noch einmal vorbei. Ich würde mich sehr freuen. Tschüss!" Nun sagte auch Basti: „Tschüss!"

Das Erlebnis war für mich wichtig, da Ricco sich mit Basti beschäftigt und ihn nicht nur beobachtet hat, wie es manche Leute tun.

Katharina (12 Jahre)

Das habe ich gut geschafft

Mein Bruder kann bestimmt nicht verstehen, dass er nicht sprechen kann. Er macht immer Mundbewegungen, weil er zu sprechen versucht. Damit er sich verstanden fühlt, sage ich dann zu ihm: „Ja, Manu, du hast Recht." Ich habe auf Seminaren gelernt, offen darüber zu reden. Bevor ich auf solchen Tagungen war, habe ich fast gar nichts mit Manu gemacht, weil ich nicht wusste, wie ich mit seiner Behinderung umgehen sollte. Ich hatte die Chance, offen über alles zu reden, und es hat mir geholfen zu sehen, dass ich nicht alleine mit dieser schwierigen Situation bin. Und es ist gut, dass es auch Menschen gibt, die nicht gemein zu Behinderten sind, sondern sie so akzeptieren, wie sie sind.

Tina (12 Jahre)

Das hat mich sehr geärgert

Im Schulunterricht haben wir auch schon über Behinderung gesprochen. Es war mehr oder weniger ein Zufall, denn normalerweise wird dieses Thema in unserer Klasse leider gemieden. Unser Lateinlehrer kam wieder mal nicht mit uns zurecht, weil wir wohl etwas lauter waren. Auf jeden Fall nannte er uns einen „behinderten Sauhaufen". Ich war erschrocken und hatte keine Worte mehr. Wie kann ein erwachsener Mensch, noch dazu ein Lehrer, so mit dem Wort „Behinderung" umgehen? Sollten Lehrer nicht eigentlich Vorbilder sein?
Eigentlich hatte ich damit gerechnet, dass jetzt irgendeiner aus meiner Klasse etwas sagen würde, aber alle waren still und grinsten nur. Nur noch zwei andere wollten etwas sagen, kamen aber nicht zu Wort, weil sie gleich von unseren lieben Klassenkameraden niedergemacht wurden: „Was regst du dich denn so auf? Bist wohl echt behindert, wa?"
Ich weiß auch nicht, was mit mir los war. Auf jeden Fall bin ich erstmal aus der Klasse gegangen, um nicht zu

explodieren. Draußen habe ich mich zusammen mit einer Klassenkameradin, die ebenfalls rausgegangen war, über unseren Lehrer und über unsere Klasse aufgeregt. Doch später habe ich mich eigentlich mehr über mich selbst geärgert, weil ich nämlich nicht in der Lage war, unserem Lehrer mal gehörig die Meinung zu sagen. Das passiert mir oft in solchen Situationen, und ich ärgere mich dann meistens mehr über mich selbst als über den Rest.

Anna (13 Jahre)

Da habe ich Angst gehabt

Als wir einmal an einem Sonntag eine Radtour gemacht haben, kamen wir an eine steile Brücke, die so schmal war, dass man hintereinander fahren musste. Auf der einen Seite war der Radweg und auf der anderen Seite ein Fußweg. Meine Mutter, meine Schwester und ich fuhren schon vor; mein Bruder sollte hinter meinem Vater fahren. Denn falls er zu schnell fahren würde, könnte mein Vater ihn bremsen.

Da mein Bruder aber nicht mehr warten wollte, fuhr er bei den Fußgängern hinunter. Er konnte aber nicht mit den Füßen auf dem Boden stoppen, weil meine Mutter den Sattel vor der Radtour etwas höher gestellt hatte. Auch als wir riefen, er solle mit dem Rücktritt bremsen, verstand er es nicht. Als am Ende der Brücke ein Schild kam, konnte er nicht mehr ausweichen und knallte dagegen. Wir hatten aber trotzdem noch viel Glück, da er sich am

Fahrrad festgehalten hatte und deswegen nicht einen Überschlag über das Schild machte und sich die Knochen brach.

Juliane (13 Jahre)

Das vergesse ich so schnell nicht ...

In der Grundschule haben wir im Unterricht auch schon über Behinderungen gesprochen. Es hat mich sehr gefreut, wie meine Klassenkameraden reagiert haben. Sie waren interessiert und stellten mir auch gleich viele Fragen. Ich musste ihnen alles erklären, und auch in der Pause fragten sie mich noch über Markus aus. Etwas später kam ein Klassenkamerad, der wütend auf mich war, zu mir und beschimpfte mich mit Worten wie: „Behindi", „Spasti" oder „Krüppel". Das tat sehr weh.
Nach ein paar Tagen habe ich dann noch einmal mit dem Jungen geredet, und er hat sich dann auch bei mir entschuldigt.
Es hat mich sehr gefreut, dass er sich dann öfter mal für meinen behinderten Bruder interessiert und uns auch mal besucht hat.
Ich glaube, dass Kindern, die von Behinderung noch nicht so viel gehört haben, eher solche Beschimpfungen zu verzeihen sind als Kindern, denen man schon erklärt hat, was eine Behinderung überhaupt ist.

Kristina (13 Jahre)

Ein Tag ohne Daniel?

Kann ich mir das überhaupt vorstellen? Eigentlich kann ich mir das nicht vorstellen, weil Daniel immer schon da war. Daniel ist mein kleiner älterer Bruder. Eigentlich ist er ja schon öfter sogar für eine Woche weg gewesen, aber es wurde zumindest von ihm gesprochen. Und wenn man einen Tag lang so tun würde, als ob es Daniel nicht gäbe? Auch das ist nicht einfach. Ein Tag, eine Woche, einen Monat, ein Jahr, vielleicht ein Leben ohne Daniel, ich glaube, so etwas gibt es für mich gar nicht.
Ich habe schon oft darüber nachgedacht, was ich täte, wenn Daniel sterben würde. Ich habe oft darüber nachgedacht, was dann meine Eltern wohl machten. Es ist einfach undenkbar. Daniel gehört zu unserer Familie. Ein Tag, an dem Daniel ganz außer Acht gelassen würde, wäre für mich vielleicht sogar ein Tag voller Trauer.
Wenn ich jemanden zum Erzählen brauche, gehe ich zu Daniel. Manchmal kann er mich dann aufpäppeln und wieder glücklich machen.
Ein Tag ohne Daniel – das kommt nicht in Frage!

Stefanie (13 Jahre)

Mein Erlebnis

Meine Schwester Kirsten ist 16 Jahre alt und gehörlos. Trotzdem ist sie in der neunten Klasse auf dem Gymnasium.

In dieser Klasse wird auf unserer Schule immer ein Austausch mit französischen Schülern gemacht. Meine Schwester wollte auch mitfahren. Die deutschen Schüler sollten zuerst nach Frankreich fahren – mit dem Zug.

Ein paar Tage vor der Abreise hörte ich im Schulbus hinter mir ein paar Mädchen über die Fahrt sprechen. Sie überlegten, wer mit wem in einem Zugabteil sitzen solle. Das eine Mädchen sagte: „Aber wir gehen doch nicht mit Kirsten in ein Abteil, oder? Das passt doch gar nicht vom Charakter!"

Und eine andere sagte: „Nee – die ist naiv und gehörlos!" Dann haben sie gelacht. Ich war voll wütend und traurig. Ich wusste nicht, was ich machen sollte. Am liebsten wäre ich zu dem Mädchen hingelaufen und hätte sie angebrüllt. Aber ich habe überhaupt nichts gemacht.

Ich habe es auch nicht meiner Schwester erzählt, weil sie schon genug Probleme mit solchen Sachen hat.

Besonders wichtig ist mir an dem Erlebnis, dass das Mädchen überhaupt nicht weiß, wie es ist, gehörlos zu sein, und sich nicht vorstellen kann, wie es ist, wenn man ausgeschlossen wird.

Es ist sicher auch nicht einfach, sich mit meiner Schwester zu unterhalten, aber sie könnten es ja versuchen. Außerdem hörte sich das an, als ob Kirsten blöd wäre, bloß weil sie gehörlos ist.

Britta (14 Jahre)

Das habe ich gut geschafft

Letzten Sommer hatte ich mich mit meiner Freundin zum
Schwimmen verabredet. Als ich gerade aus dem Haus gehen wollte, teilte meine Mutter mir mit, dass sie heute
ebenfalls mit Christine, meiner behinderten Schwester,
zum Schwimmen kommen wolle und deshalb erwarte, dass
ich auch mal mit Christine ins Wasser ginge. Ich war stink-
sauer, doch letztendlich ließ ich mich doch noch dazu er-
weichen.
Als ich gerade mit meinen Freunden am Rumtollen war,
stand meine Schwester mit ihren orangen Schwimmflü-
geln vor mir am Beckenrand. Sie rief: „Kirsten! Huhu!" Es
war zu peinlich. Ich rief: „Bitte, geh weg! Ich spiel später
mit dir!" Doch dann kam das, was ich mir nie hätte träu-
men lassen. Alle meine Freunde guckten mich ganz verdutzt an und sagten: „Mein Gott! Lass sie doch mitspie-
len!" Da wurde mir klar, wie blöd ich gewesen war, meiner
Schwester so in den Rücken zu fallen. Vorhin hatte ich
mich für meine Schwester geschämt, doch jetzt schämte
ich mich für mich und mein Verhalten. Alle waren sie be-
sorgt um Christine. Sie behandelten sie fast wie eine ech-
te Freundin. Und als sie blaue Lippen bekam, brachten
sie alle zum Platz zurück. Jetzt weiß ich, dass es Quatsch
ist, sich für etwas zu schämen, was nicht schämenswert
ist.

Kirsten (14 Jahre)

26

Johanna

Meine dreijährige Schwester Johanna ist schwerstbe-
hindert. Trotzdem ist sie oft sehr fröhlich und sie lacht
viel.
Im Januar hatten alle aus meiner Familie das Virus, das
in Norddeutschland herumging. Johanna steckte sich auch
an. Sie musste ins Krankenhaus nach Leer. Wir konnten
sie nur selten besuchen, weil wir ja auch die Grippe hatten. Johanna gefiel das eindeutig nicht. Die Kranken-
schwestern konnten sich natürlich nicht so viel um sie
kümmern, wie wir es zu Hause tun. Auch wenn sie nicht
bei jemandem auf dem Schoß sitzt oder liegt, so ist sie zu
Hause doch immer in Räumen, wo sich auch jemand von
uns aufhält. Im Krankenhaus hingegen lag sie oft allein
in ihrem Zimmer.
Als Johanna sich von dem Virus erholt hatte, ging es ihr
nicht sehr gut. Sie wirkte irgendwie verloren und allein
gelassen und lachte nicht mehr.
Auch zu Hause war das erst so. Erst am dritten Tag, nachdem sie aus dem Krankenhaus kam, lachte sie zum ersten Mal wieder. Darüber haben wir uns natürlich total
gefreut. Es war für mich wie eine Bestätigung, dass es
Johanna bei uns gut gefällt, dass das Lachen nicht zufällig ist, sondern wirklich ausdrückt, dass es ihr gut geht.
Wir sind uns nicht ganz sicher, ob Johanna uns erkennt,
aber auf jeden Fall merkt sie, wieviel oder wenig man sich
um sie kümmert und ob man sie lieb hat.

Rebecca (14 Jahre)

27

Mein Erlebnis

Meine ältere Schwester Dörte ist 19 Jahre alt. Sie ist körperbehindert und sitzt im Rollstuhl. Sie spricht undeutlich und deshalb können viele fremde Leute sie auch nicht verstehen. Sie hat einen Elektrorollstuhl, und da wir in einem Dorf wohnen, kann sie damit auch auf der Straße umherfahren. Sie fährt oft zu Freundinnen im Dorf oder an gleiche Plätze. Daher wissen wir meistens, wo wir sie finden.

Vor ein paar Jahren fuhr sie an einem Tag wieder mal mit ihrem Rollstuhl weg, kam aber zur verabredeten Zeit nicht wieder. Wir warteten eine Weile.

Als sie immer noch nicht auftauchte, machten wir uns Sorgen und gingen los, um sie zu suchen. Wir fragten ihre Freundinnen und andere Leute, aber keiner hatte sie gesehen.

Auch an den Orten, wo sie sich sonst meistens aufhält, war sie nicht. Wir gingen dann wieder nach Hause, weil wir dachten, dass sie irgendwo einfach die Zeit vergessen hatte.

Aber trotzdem machten wir uns Sorgen. Vielleicht war auch etwas passiert. Nach einiger Zeit klingelte es an der Tür. Wir öffneten sie. Vor der Tür stand Dörte in ihrem Rollstuhl. Sie hatte Dreck im Gesicht und lachte. Neben ihr stand eine Frau aus unserer Nachbarstraße. Sie erzählte uns, was passiert war.

Sie hatte einen Garten weit hinter unserer Schule. Zwischen dem Garten und dem Spielplatz der Schule war eine große freie Stelle, auf der lauter Gestrüpp stand. Es waren Ferien und deshalb war auch niemand in der Schule. Die Frau war zufällig in ihrem Garten, als sie jemanden rufen hörte. Sie ging dem Rufen nach und fand meine Schwester umgekippt in ihrem Rollstuhl. Zusammen mit einem Mann, den sie holte, stellten sie den Rollstuhl wieder auf die Räder. Dörte hatte zum Glück bloß ein paar Schrammen.

Später erzählte sie uns, dass sie aus Langeweile an die Stelle gefahren war. Als sie über einen kleinen Hügel fuhr, kam der Rollstuhl aus dem Gleichgewicht und kippte langsam um. Und als ihr bewusst wurde, dass sie kippte, sagte sie: „Hallo Erde, ich komme!" So konnten wir trotz des Schreckens doch lachen. Mir war das Erlebnis wichtig, weil man daran sieht, dass meine Schwester auch in schlimmeren Situationen noch lachen kann.

Anke (15 Jahre)

Da wurde ich ärgerlich

Endlich war mein Bruder, der taub ist, baden gegangen! Nun konnte ich mich erst einmal für eine halbe Stunde in mein Zimmer zurückziehen und hatte meine Ruhe. Dachte ich! Nach fünf Minuten hörte ich aus dem Bad ein blubberndes Dröhnen. Erst leise, aber mit der Zeit wurde es immer lauter, aufdringlicher und auch nerviger. Da dieses Blubbern in meinem Zimmer noch verstärkt wurde, kam dieses Geräusch in meinen Kopf schlagenden Presslufthämmern gleich. Auf dem Weg zum Bad überlegte ich mir, ob es richtig sei, ihn zum Aufhören zu bewegen. Ich dachte, dass dieses für mich so unangenehme Geräusch bei ihm vielleicht Wohlgefallen auslöste. Denn ich konnte mir gut vorstellen, dass er die Schwingungen im Wasser wahrnahm.

Robert (15 Jahre)

Heute weiß ich, dass es richtig war

Früher kam mein Bruder jeden Samstag- und Sonntagmorgen in mein Zimmer. Er machte das Licht an und setzte sich vor meinen Schrank und spielte. Dabei machte er meistens eine riesige Unordnung und jede Menge kaputt. Es gab jede Menge Streit mit meinen Eltern, die mir sagten, ich solle dies nicht so eng sehen, weil es sowieso bald vorbei sein würde.
Sie hatten Recht. Heute finde ich es gut, denn mein Bruder wird nie mehr ins obere Stockwerk kommen, um mich zu wecken.

Peter (15 Jahre)

Beschimpfung

In meiner Klasse sind Jungen, die sich über das Wort „behindert" lustig machen. Ich ärgere mich und höre nicht hin. Ich möchte erwidern: „Macht euch nicht über die

Behinderung lustig! Euch könnte bei einem Unfall auch etwas passieren." Aber irgendwie habe ich auch Angst, dass sie über mich lachen. Und deswegen sage ich nichts. Aber ich setze mich für Behinderte ein.

Anonym

Kleine Parabel

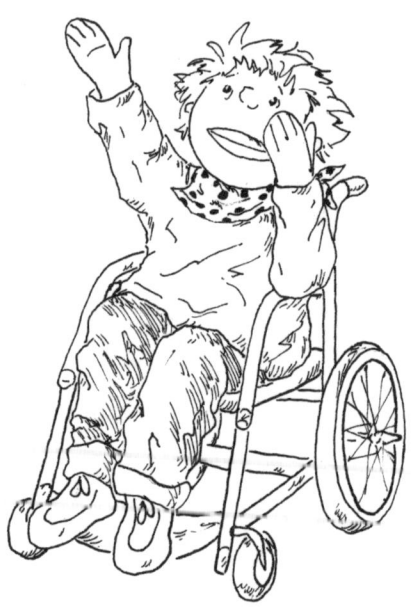

In Gedanken bin ich viel bei Melanie und ihrer Tagung. Ich erinnere mich, dass Melanie mir einmal eine Geschichte vorgelesen hat, die ihr sehr gut gefiel. Sie handelt von einer Rentierherde, in der ein behindertes Herdentier lebt, das scheinbar allen zur Last fällt, dann aber irgendwann seine ganze Familie rettet.

Die Geschichte ist so schön, dass ich sie euch hier auch erzählen will.

In einer Rentierherde lebte eine Familie mit Mutter, Vater, Sohn und Tochter. Die Tochter konnte nicht richtig laufen und sprechen und war auch geistig behindert. Alle in der Herde wandten sich ab, wenn sie kam, nur ihre Familie hielt zu ihr. Als dann die Zeit der Herdenwanderung kam, wollte die Mutter ihr Kind nicht allein lassen. So entschlossen sie sich, mit der Tochter langsam hinterherzuziehen. Bald waren sie schon weit zurück, weil sie öfter Pause machen mussten, da die Tochter nicht so schnell und ausdauernd laufen konnte.

Es wurde kälter und fing an zu frieren. Sie hielten es kaum aus und ihre Stimmung war schlecht, aber immer, wenn sich die Tochter blicken ließ und so freudig dreinschaute, hörten sie auf zu streiten. Sie liefen immer weiter, bald konnten sie nicht mehr, nur die Tochter war noch auf den Beinen. Sie sah die Eltern und den Sohn an und begann zu weinen. Da rappelte sich der Sohn auf, weil er es nicht mit ansehen konnte, und tröstete die Schwester. Nachdem sie still war, half er den Eltern auf die Beine und sie wanderten weiter. Und dann, irgendwann, fanden sie Nahrung und auch ihre Herde.

Der Bulle sagte mit einem Blick auf die Tochter zum Vater: „Dieses Vieh lebt ja immer noch, aber ich freue mich für dich, dass du es mit Frau und Sohn überlebt hast."

Der Vater antwortete schlicht: „Ohne meine Tochter würden wir nicht mehr leben."

Und er ließ ihn stehen.

(Diese Parabel ist von einem Jungen auf einer Tagung für Geschwister geschrieben worden.)

„Das wollte ich dir nur sagen"

Briefe an die behinderten Geschwister

Es ist genau so, wie ich es befürchtet habe. Melanie ist nicht da und mir ist stinklangweilig. Papa hat zwar vorher mit mir herumgetobt, aber jetzt will er seine Ruhe. Mama ist in der Küche und bereitet das Essen vor. Wenn Melanie da wäre, könnte ich sie wenigstens ein bisschen ärgern - streiten verkürzt die Zeit. Statt dessen mache ich eben gar nichts.

Morgen fahren wir Melanie abholen. Ob sie sich freuen wird, wenn sie mich sieht? Vielleicht hat sie ja neue Freunde und Freundinnen gefunden und will mit mir nichts mehr zu tun haben?

Während Max zu Hause seinen Gedanken nachhängt, überlegen die Kinder und Jugendlichen auf der Tagung, wie sie ihrem behinderten Bruder oder ihrer behinderten Schwester mitteilen können, was sie an ihnen mögen und was ihnen nicht so gut gefällt. Sie machen das in Form von Briefen.

Lieber Fabian!

Ich lese dir gern Geschichten vor.
Ich spiele gern mit dir und deinen Bären.
Ich höre mit dir gern die Schlümpfe-Kassette.
Ich gucke mit dir manchmal fern. Du siehst das Bild nicht, aber du kannst hören, was geschieht. Ich habe dich gern auf dem Arm, wenn ich auf dem Boden sitze.
Ich trage dich gerne auf der Schulter.
Ich helfe dir beim Inhalieren.
Ich fahre dich im Kinderwagen durch den Garten.
Ich schmuse gern mit dir.

Dein Sebastian (8 Jahre)

Lieber Henrik!

In diesem Brief will ich dir sagen, was ich an dir gerne hab. Ich spiele gern mit dir, weil du viel Phantasie hast. Das mag ich an dir.
Ich erzähle dir auch gerne Sachen, die Mama und Papa

nicht wissen sollen, oder ich schmiede mit dir Pläne, wie
wir Oma reinlegen können, damit sie uns nicht irgendei-
nen Kitschkram schenkt. Ich streite mich auch gerne mit
dir, weil ich weiß, dass wir uns bis jetzt immer wieder ver-
tragen haben, und ich hoffe, dass das auch so bleibt.

Es gibt aber auch Sachen, die ich nicht so gerne an dir
mag. Als wir uns neulich zum Beispiel mal wieder so richtig gestritten haben, bist du völlig ausgeflippt. Du hast
mit irgendwelchen Sachen um dich geworfen, obwohl wir
uns nur um eine von deinen kleinen Figuren gestritten
hatten. Das fand ich voll dumm. Du willst aber auch immer dasselbe wie ich haben. Du tust manchmal auch so,
als wären Mama und Papa und ich deine Diener.

Ich hoffe, wenn du diesen Brief liest, fällt dir auf, dass ich
viele Dinge an dir mag und wieder andere Dinge an dir
nicht so gerne habe.

Ich hab dich lieb!

Deine Corinna (11 Jahre)

Liebe Laura!

Ich wollte dir einige Dinge sagen, die mir an dir gefallen
und nicht gefallen.

Ich finde es toll, wie gut du dich verständigst und dass du
dir auch oft Zeichen ausdenkst, wenn es für die Sache keine gibt. Ich finde es auch prima, wenn du zum Beispiel
mit mir die Kaninchen fütterst oder Papa und Mama hilfst.
Was mir noch Spaß macht, ist mit dir zu streiten, wenn

du nicht gleich anfängst zu heulen. Was mir nicht gefällt, ist, dass du uns mit dem Essen erpresst und Mama oft ärgerst und Claudio immer auf den Kopf haust. Und an deiner Stelle würde ich nicht so oft deinen Bären in den Dreck schmeißen, weil du dann warten musst, bis er wieder gewaschen ist. Das wollte ich dir nur sagen.

Dein Bruder Mario (12 Jahre)

Lieber Manuel!

Früher habe ich mir noch nie Gedanken gemacht, dass du heute so sein wirst. Ich finde es gut, dass du auf eine Schule für Behinderte gehst. Es ist schön, dass du ausdrücken kannst, wenn du nicht sitzen oder liegen möchtest. Mir gefällt es nicht, dass du abends, wenn man ein bisschen laut ist, direkt quengelst. Aber ich muss auch einsehen, dass ich Rücksicht auf dich nehmen muss. Mich würde interessieren, wie du darüber denkst und wie du dich verhalten würdest, wenn ich so wäre. Ich habe das Gefühl, dass du vieles gerne zeigen würdest. Ich glaube, dass du gerne Musik hörst. Ich frage mich, wenn du sprechen könntest, ob du gerne mit mir erzählen würdest? Wir könnten viel mehr unternehmen. Wir wissen nicht, ob du traurig bist. Aber du brauchst dich nicht alleine zu fühlen, denn ich habe dich sehr lieb. Und egal, was passiert, du kannst immer auf mich zählen.
Tschüss.

Deine Tina (12 Jahre)

Liebe Anna!

Eigentlich will ich dich in diesem Brief nicht nur kritisieren, aber ich werde nicht drumrum kommen.

Ich mache mir manchmal Sorgen wegen deines Herzens, da ja die Trennwand der Herzkammern bei dir teilweise fehlt. Deswegen musst du auch manchmal ins Krankenhaus und untersucht werden.

Das ist für uns alle in der Familie nicht schön, am allerwenigsten wohl für dich. Operiert worden bist du auch schon ein paar Mal.

Ein Leben ohne dich kann ich mir nicht vorstellen. Hoffentlich lebst du recht lange. Aber zur Zeit bist du ja fröhlich. Das ist die Hauptsache. Wenn du mal nicht fröhlich bist und weinst oder tobst, stört es mich manchmal sehr. Oder wenn du jemanden suchst, durchs ganze Haus rennst und in jedes Zimmer guckst, da du ja   weil du taub bist – ihn nicht einfach rufen kannst.

Aber sonst haben wir alle in der Familie sehr viel Spaß mit dir. Ich bin meistens froh, wenn du froh bist und lachst. Von dir habe ich viel gelernt. Nämlich, dass man Behinderte nicht einfach auslachen und rumschubsen kann, dass sie ebenso Menschen sind und nicht Minderwertige. Sie fühlen genauso wie wir.

Dass du unter der Woche in Hannover im Zentrum für Taube und Blinde bist, ist ganz gut. So sind wir nicht immer an dich gebunden. Dafür freue ich mich schon immer aufs Wochenende.

Allerdings ärgert es mich dann oft, dass du Privilegien hast, die ich nicht habe. Du darfst oft dabei sein, wo ich

nicht sein darf. Aber dafür – und ich glaube, das ist mir wichtiger – bin ich gesund.
Tschüss.

Dein Bruder Tim (13 Jahre)

Lieber Bernd!

Ich möchte dir sagen, was ich an dir mag und was ich nicht mag.
Ich mag es nicht so gerne, dass du von zu Hause ausgezogen bist, obwohl ich weiß, dass das normal ist mit zwanzig Jahren. Wenn du uns mal besuchen kommst, freue ich mich, dich wieder zu sehen. Aber deine Art zu motzen und das ewige Reden uber kleine Dinge nerven mich.
Und du benutzt Wörter und Sprüche, deren Bedeutung du nicht kennst. Du setzt sie dort ein, wo sie überhaupt nicht hinpassen. Das macht mich dann irgendwie traurig.
Ich mag dich sehr gerne, Bernd.
Vielleicht denkst du manchmal, dass ich dich nicht mag. Zum Beispiel dann, wenn du genau dann anrufst, wenn ich gerade weg muss. Ich mag es gerne, wenn wir zusammen lustig sind und Blödsinn machen, wie beispielsweise damals, als wir deine Kassette aufgenommen haben. Das hat mir sehr viel Spaß gemacht.
Ich mag es auch sehr gerne, wenn du lachst. Dein Lachen ist so ansteckend, dass ich immer mitlachen muß.
Mit dir kann ich mich manchmal sehr gut unterhalten.
Ich wollte dir noch sagen, dass ich dich nur so oft besuche,

weil der Weg so lange dauert. Ich finde es toll, dass du mir erklärt hast, wie man mit dem Computer umgeht. Ohne dich hätte ich das nicht gelernt.

Zum Abschluss möchte ich noch sagen, dass du, obwohl du eigentlich nur mein Pflegebruder bist, für mich mein richtiger Bruder bist! Ich hoffe, dass ich auch für dich deine richtige Schwester bin.

Ich hab dich lieb!

Deine Mira (14 Jahre)

Lieber Matthias!

In diesem Brief möchte ich dir schreiben, was ich an dir gut finde und was mich ab und zu nervt. Das soll jetzt keine Standpauke sein, sondern ich möchte dich nur auf etwas hinweisen, was du an dir ändern solltest.

Du solltest nicht immer so schadenfroh sein, wenn ich oder jemand anders sich mal weh tut. Außerdem solltest du dich nicht so aggressiv verhalten und anfangen zu beißen, zu schlagen, zu kratzen und zu weinen, wenn ich dich vom Bus abhole. Denn das machst du bei Mama und Papa nicht so oft wie bei mir. Es macht mir ab und zu keinen Spaß mehr, dich abzuholen.

Nun kommen wir zu deinen guten Seiten.

Seit kurzer Zeit gehst du ohne zu weinen ins Bett und ich muss nicht mehr von oben nach unten kommen, um dich zu beruhigen.

Ich finde es auch positiv, wenn bei Familienfeiern sich alle

rührend um dich kümmern und sie dich akzeptieren und nicht abstoßen.
Bis dann!

Dein lieber Bruder Stefan (14 Jahre)

Liebe Kristina!

Du wunderst dich wahrscheinlich, dass ich dir einen Brief schreibe. Da ich dir aber einmal sagen möchte, was ich gut an dir finde und was nicht, habe ich mir überlegt, es dir per Brief mitzuteilen. Vielleicht verstehst du nicht alles, trotzdem möchte ich es versuchen.
Auch wenn ich es dir nicht immer zeige, bin ich froh, dass du da bist. Manchmal bin ich wahrscheinlich etwas unfair, wenn du nicht sofort verstehst. Doch ich hoffe, dass du mich in dieser Situation entschuldigst, da ich mir dann nicht klar mache, dass du behindert bist.
Wenn du auch nur eine leichte Behinderung hast, kann man von dir natürlich nicht erwarten, dass du wie ein „normaler" Mensch alles verstehst. Wenn ich mir dann aber mal überlege, was du alles kannst, bin ich sehr stolz auf dich. Da wären beispielsweise das Lesen und Schreiben. Während sechs harter Jahre hast du beides gelernt. Auch wenn es nicht immer einfach war, hast du es doch gewollt und geschafft.
Dann ist da noch deine Hilfsbereitschaft. Ich finde es toll, wenn du unsere Mutter in der Küche unterstützt und ihr Arbeit abnimmst, was man von mir ja nicht gerade be-

haupten kann. Auch deinen Freundinnen hilfst du, wenn Not am Mann ist. Allerdings übertreibst du es ab und zu mit deiner Hilfe. Das muss ja auch nicht sein.

Ein Problem ist ja auch noch dein Hobby, das Schlagzeugspielen. Von mir aus kannst du fast immer spielen, nur nicht dann, wenn ich Hausaufgaben machen muss. Doch oft spielst du gerade in dieser Zeit. Wenn ich dir dann sage, dass du aufhören sollst, spielst du erst recht. Dann kommt es häufig zum Streit, was natürlich nicht sehr schön ist. Es wäre gut, wenn du das Schlagzeugspielen dann sein ließest.

Ich hoffe, du hast meine Situation jetzt ein wenig verstanden.

Viele Grüße!

Dein Bruder Kai (15 Jahre)

„Hallo, liebes Ich"

Briefe an sich selbst

Ungefähr zwei Stunden sind Mama, Papa und ich zu dem Tagungshaus gefahren, in dem Melanie das Wochenende verbracht hat. Als sie uns sah, hat sie sich sehr gefreut, ist uns entgegengelaufen und hat mich umarmt. Dann sind wir zu viert durch das Haus gegangen und Melanie hat uns gezeigt, was sie gemeinsam mit den anderen gemacht hat. Sie hatten viel Spaß miteinander, aber sie sollten auch richtig „arbeiten": Sie konnten miteinander reden, über schwierige Fragen nachdenken, in einer kleinen Gruppe etwas vorbereiten und viel aufschreiben.

Die Kinder und Jugendlichen haben auch Briefe an sich selbst geschrieben. Das bedeutet, in einer ganz besonderen Art nachzudenken, um das aufzuschreiben, was man sich selbst sagen will. Manchmal kann man dadurch Zusammenhänge anders sehen.

Hallo, Lina!

Ich finde es ganz normal, eine behinderte Schwester zu haben.
Julia ist acht Jahre alt und kann weder laufen noch sprechen. Sie ist auch blind. Ich muss im Winter darauf verzichten, mit meiner ganzen Familie spazieren zu gehen, weil Julia so leicht friert. Ich finde es schade, dass man mit Julia im Winter nicht draußen herumtoben kann.
Aber dafür kann ich im Haus mit ihr viel spielen und sie mag es gerne, wenn ich sie kitzele. Über meine Sorgen kann ich mit meiner Mutter reden.

Deine Lina (10 Jahre)

Liebe Corinna!

Ich bin der Meinung, dass es überhaupt nicht schlimm ist, einen behinderten Bruder zu haben. Wegen ihm muss ich aber auch verzichten, z.B. auf Freunde. Wenn ich sie zu mir nach Hause einlade, kommen sie oft nicht, weil sie denken, sie könnten sich anstecken. Und wenn sie kommen, fragen sie immer: „Was hat dein Bruder? Ist das ansteckend? Hast du ihn auch lieb?"

Es ist doch klar, dass ich meinen Bruder lieb habe. Manchmal bin ich traurig, wenn er unglücklich ist, dass ich gerade nicht mit ihm spielen kann, weil ich mit einer Freundin verabredet bin. Dann sagt er immer, ich hätte nie Zeit für ihn und hätte ihn nicht lieb. Dabei habe ich ihn sogar sehr lieb.

Wenn ich solche Probleme habe, kann ich immer mit meiner Mutter oder meinem Vater darüber reden. Ich habe sogar eine Freundin, die mit meinem Bruder spielt, wenn ich gerade keine Zeit habe und noch etwas erledigen muss. Mit ihr kann ich über alles reden und sie fragt nicht, ob die Behinderung ansteckend sei, weil sie weiß, was mein Bruder hat. Sie erkundigt sich oft, wie es ihm geht.

Tschüss.

Deine Corinna (11 Jahre)

Hallo, Katrin!

Kannst du dich noch an die Zeit erinnern, als du immer über deinen Bruder nachgedacht und oft mit dem Gedanken gespielt hast, dass er irgendwann ganz doll krank werden und sterben könnte? Um mit deiner Angst fertig zu werden, hast du dir immer eingeredet, dass uns so was nie passieren könnte.

Als er dann eine ganz starke Lungenentzündung hatte, hast du wieder zurückgedacht. Da hast du dich ganz

schön dumm gefühlt und jeden Abend für deinen Bruder gebetet. Am Ende des Gebetes hast du immer gesagt: „Jetzt weiß ich, dass uns solche schlimmen Sachen auch passieren können, nicht nur anderen." Dann, nach eineinhalb Monaten, war dein Bruder wieder gesund.
Tschüss.

Deine Katrin (dein Ich) (11 Jahre)

Liebes Ich!

Ich mache mir oft Gedanken über viele Fragen, die sich um meine behinderte Schwester drehen. Was heißt es eigentlich, Bruder einer behinderten Schwester zu sein? Für mich bedeutet es, auf vieles zu verzichten, zum Beispiel auf Nachmittagsausflüge oder einen großen Teil meiner Freizeit.
Wie erlebe ich meine behinderte Schwester?
Sie ist manchmal störend, beispielsweise dann, wenn ich Freunde da habe. Aber ich erlebe sie auch als hilfsbereiten Menschen, bei dem ich Sorgen loswerden kann.
Mit meiner Schwester zusammen erlebe ich viele schöne Dinge, zugleich aber auch viele Situationen, die Probleme hervorrufen. Aber ich gewinne auch viele Freunde auf Tagungen und kann mit den Teilnehmern und Betreuern über meine Erfahrungen mit behinderten Menschen, meine Anliegen, Sorgen und Probleme reden.
Welche Gedanken beschäftigen mich im Zusammenhang mit meiner Familie?

Mich beschäftigen Fragen wie: „Wieso haben gerade wir ein behindertes Kind?" Oder: „Warum hat meine Schwester gerade diese Behinderung?" Und: „Was passiert, wenn meine Eltern nicht mehr sind?"
Tschüss.

Dein Ich (Mario, 12 Jahre)

Hallo, Markus!

Für mich ist es eine Einschränkung, einen behinderten Bruder zu haben.
Es ist so komisch, denn alle lachen einen aus und erzählen Behindertenwitze und sagen spöttisch: „Wer ist eigentlich behindert? Du oder dein Bruder?"
Das ist natürlich nicht so schön. Und das Blöde ist, dass ich mit fast keinem darüber reden kann, weil es keiner versteht.
Meistens muss ich auch auf meine Mutter verzichten, weil sie zu sehr mit meinem Bruder beschäftigt ist. Das finde ich sehr blöd. Aber außer meiner Mutter ist keiner da, der einem dauernd sagt, was man tun oder lassen soll.
Und ich denke oft darüber nach, was es heißt, einen behinderten Bruder zu haben.

Markus (12 Jahre)

Hallo, Stefanie!

Ich glaube, dass ich eine gute Beziehung zu meiner Schwester habe. Sie ist zwar noch sehr klein, aber wenn man Langeweile hat, kann man sehr gut mit ihr spielen. Das macht meistens sehr viel Spaß, weil sie sehr lustig ist. Ich denke, dass Julika viel Humor hat und total lieb ist. Wenn du traurig bist und sie das sieht, kommt sie zu dir und nimmt dich in den Arm. Man kann viele Sachen mit ihr machen.

Julika kann aber auch ganz schön frech und böse werden. Dann kratzt und kneift sie. Manchmal weiß sie auch nicht, was sie will. Dann sollst du sie holen, und wenn du da bist, will sie nicht mehr mitkommen. Ich muss oft auf Julika aufpassen. Dann kann ich nicht weggehen oder muss früher nach Hause kommen. Das ist manchmal ganz schön blöd. Wenn ich Fragen habe, kann ich zu meinen Eltern gehen. Unsere Familie versteht sich eigentlich ganz gut, nur manchmal gibt es Stress. Julika hat viel in meinem Leben verändert. Ich glaube, dass sie auch viel im Leben meiner Familie verändert hat.

Deine Stefanie (12 Jahre)

Hallo, Tina!

Ich finde, dass wir trotz meines behinderten Bruders eine glückliche Familie sind. Ich könnte mit meinem Bruder Manuel viel mehr unternehmen, wenn er gesund wäre.

Ich würde mich total freuen, wenn Manuel auch nur einen Satz sprechen könnte. Früher, wenn er mit meinem großen Bruder weggehen wollte, sagte er immer: „Nennis mit." Damit meinte er, dass er auch mit Dennis weggehen möchte.

Die einzigen Vorteile, die man durch einen behinderten Bruder gewinnt, sind, dass man gute Parkplätze und eine größere Wohnung hat.

Ich finde es doof, wenn jemand Behinderte lächerlich macht. Und ich glaube, dass Manuel das auch total doof fände.

Tschüss.

Deine Tina (12 Jahre)

I iebcs Ich!

Ich möchte dir jetzt schreiben, was für Fragen mich beschäftigen. Was heißt es, eine behinderte Schwester zu haben?

Es bedeutet für mich, dass ich mehr Verantwortung tragen und mehr Rücksicht als viele andere nehmen muss. Ich habe auch mehr Pflichten zu erledigen. Manchmal erledige ich sie gerne, manchmal nicht, es kommt auf meine Stimmung an.

Mein Schwester erlebe ich manchmal fröhlich und manchmal traurig. Manchmal nervt sie und manchmal wirkt sie auch beruhigend, je nachdem wie ihr Benehmen und meine Stimmung sind.

Ich erlebe mit meiner Schwester öfter, wenn Leute sie sehen und nicht wissen, dass sie behindert ist und es dann erfahren, dass sie sich einfach umdrehen und verschwinden. Wegen meiner Schwester muss ich höchstens ein bisschen auf meine Freizeit verzichten. Ich gewinne aber für mich, dass ich besser mit behinderten Menschen umgehen kann, und ich kann zu Tagungen fahren.

Mit meinen Sorgen kann ich zu meiner Mutter oder zu meinem Vater gehen. Manchmal, wenn ich mich mit meinen Eltern gestritten habe, klage ich auch unserem Hund mein Leid.

Zur Frage, welche Gedanken ich mir zur Familie mache: Eigentlich gar keine. Weswegen auch? Ich denke, wir haben eine sehr intakte Familie.

Tschüss und viele Grüße!

Boris (13 Jahre)

Liebe Deike!

In diesem Brief möchte ich dir ein paar Zeilen über mich und meinen behinderten Bruder Claas schreiben.

Besonders gerne mag ich es, wenn Claas lacht, fröhlich ist und neugierig durch die Gegend schaut. So verhält er sich jedenfalls meistens. Ärgerlich werde ich immer über ihn, wenn er seine Phasen hat, in denen er wütend in die Hände beißt und rumbrüllt und sich dann nicht beruhigen lassen will.

Als Schwester von Claas fühle ich mich verantwortlich,

50

für ihn da zu sein und aufmerksam zu sein, um ihm die Hilfestellungen zu geben, die er braucht. Denn ich bin eine der Personen, die ihm am nächsten stehen und ihn so gut kennen, wie er sich selbst.

Wegen Claas musste ich eigentlich noch nicht auf etwas verzichten. Selbst die Familienurlaube, Ausflüge und Versammlungen werden durch ihn nicht beeinträchtigt, wenn es auch manchmal etwas kompliziert ist.

Früher hatten wir fast täglich einen Zivi, später dann eine Erzieherin für Claas im Haus. Seit ca. eineinhalb Jahren steht uns angeblich keine Erzieherin mehr zu, und so verbringe ich gezwungenermaßen noch mehr Zeit mit meinem Bruder. Dabei geht dann ein Teil meiner Freizeit verloren, und abends kann ich manchmal nicht mit Freunden weggehen, weil ich auf Claas aufpassen muss. Das sehe ich aber nicht als Verzicht, da ich so meinen Eltern helfe, sich auch mehr Zeit für sich nehmen zu können.

Außerdem habe ich jedes Mal das Gefühl, meinen Bruder ein Stück näher kennen zu lernen, und ich freue mich immer, wenn ich sehe, dass er etwas Neues gelernt hat.

Durch Claas habe ich gelernt, andere verschiedene Menschen zu akzeptieren und mit Behinderung umzugehen.

Über Sorgen und Probleme spreche ich mit meiner Schwester und mit meiner Mutter.

Und mit einigen Problemen und Fragen kann ich auch zu Tagungen kommen, wo sich Geschwister behinderter Kinder treffen.

Bis dahin alles Gute!

Deine Deike (13 Jahre)

Hallo, Kai!

In diesem Brief möchte ich versuchen, dir meine Situation darzustellen und zu erklären, was es heißt, ein behindertes Geschwisterkind zu haben.

Natürlich gibt es viele Unterschiede im Vergleich zu Jugendlichen, die kein behindertes Geschwisterkind haben. Diese können positiv und auch negativ sein.

Meine Schwester Kristina ist 20 Jahre alt. Viele Jugendliche in diesem Alter haben schon einen Führerschein. Wenn Kristina einen hätte, könnte sie mich ab und zu irgendwohin fahren. So müssen es meine Eltern machen, und die haben nicht immer Lust dazu.

Außerdem kann ich mit meiner Schwester nicht diskutieren und über Probleme sprechen, die man in meinem Alter hat.

Dann muss ich entweder zu meinen Eltern gehen oder mit Freunden reden. Doch manchmal gibt es halt Probleme, die ich nicht mit Eltern oder Freunden besprechen will oder kann. Dann muss ich versuchen, alleine damit fertig zu werden.

Doch es gibt auch noch Orte, die ich dank meiner Schwester kennen gelernt habe. Das sind Tagungen mit Geschwisterkindern. Dort kann ich frei mit anderen Geschwistern und Mitarbeitern über meine Erlebnisse und Probleme sprechen. Wenn meine Schwester nicht behindert wäre, hätte ich das wahrscheinlich nie kennen gelernt.

Wenn ich manchmal zu einem Freund fahre, überlege ich mir, ob es richtig war, Kristina alleine zu lassen und mich nicht um sie zu kümmern. Doch ich glaube, dass ich viel mit ihr mache und mir auch Zeit für mich selber nehmen darf. Dann sind da ja auch noch meine Eltern, die auch viel mit ihr unternehmen. Auch an den Wochenenden machen wir viel gemeinsam, zum Beispiel Radtouren. Ich hoffe, dass du jetzt ein bisschen Einblick in das Leben mit einem behinderten Geschwisterkind bekommen hast.

Dein Kai (15 Jahre)

Liebe Maren!

Für mich heißt Schwester eines behinderten Kindes zu sein, dass ich sicher einiges tun muss, was andere nicht tun müssen. So muss ich zum Beispiel, wenn meine Mutter abends mal weggeht, auf Annalena aufpassen, weil sie nicht mehr alleine zu Hause bleiben kann. Ich glaube aber auch, dass ich gerade durch Annalena ein anderes Verhältnis zu behinderten Menschen habe als andere Leute. Zum Beispiel kann ich diejenigen, die behinderte Menschen am liebsten von der Öffentlichkeit fernhielten, überhaupt nicht verstehen. Ich finde, dass behinderte Menschen genauso behandelt und akzeptiert werden sollten wie „normale" Menschen. Und war von allen!
Vor allem sollte es Strafen für Leute geben, die behinderte Menschen nicht als vollwertig betrachten. In dem Zusammenhang stelle ich mir auch immer die Frage: Was heißt überhaupt „normal"? Wie ich meine Schwester erlebe, ist immer unterschiedlich.

Mal ist sie total gut drauf – dann kann ich alles mit ihr machen – und mal ist sie total schlecht drauf. Dann streiten wir uns nur. Irgendwann hat ein Junge auf einer Tagung mal zu mir gesagt, dass meine Schwester ihn total an seinen Bruder erinnert, als es dem noch besser ging. Immer, wenn ich daran denke, werde ich ganz traurig, da ich weiß, dass unsere Geschwister die gleiche Krankheit haben und Annalena auch mal so wird. Zum Glück habe ich echt klasse Freundinnen, die mich verstehen und mit denen ich über alles reden kann. Ich freue mich doll, wenn ich zu Annalena fahre und wir zusammen etwas unternehmen, gemeinsam zum Dom oder in den Heide Park fahren oder wenn ich ganz einfach nur auf sie aufpasse.

Deine Maren (15 Jahre)

Liebe Susanne!

Jetzt sitze ich hier und schreibe dir und weiß noch nicht, was ich dir schreiben soll. Zur Zeit habe ich das Gefühl, dass du mit Stefan nicht mehr so gut auskommst. Es stört dich, dass Stefan, seit er aus dem Krankenhaus gekommen ist, nicht mehr lacht.
Du musst das verstehen. Zuerst hatte er zu Hause eine Woche lang so hoch Fieber und solche Angst, die Lungenentzündung nicht zu überleben. Du selbst hast dich nicht viel um ihn gekümmert, irgendwie war es dir gleichgültig. Dass er sterben könnte, hast du verdrängt. Glauben wolltest du es nicht. Du hast dir eingeredet, dass es dir

gleichgültig wäre, wenn er nicht da wäre. Erst als es ernst wurde und er ins Krankenhaus kam, fingst du an, darüber nachzudenken. Bei dem Besuch im Krankenhaus wurde dir endlich bewusst, wie lieb du ihn hast. Das war das erste Mal, dass du deswegen nachts geheult hast. Das tat dir wohl ziemlich gut?

Dann wurde es von Tat zu Tag schlimmer. Nachts konntest du nicht schlafen, weil du an ihn dachtest und im Stillen alles aufzähltest, was du falsch gemacht hast. Etwas spät vielleicht, aber glücklicherweise früh genug.

Stefan wurde wieder gesund, doch so schnell kommt man nicht in den Alltag zurück, wenn man ´ne ganze Woche fast völlig weggetreten mit Penicillin und anderen Medikamenten und Sauerstoffgeräten, weil das Herz aussetzt, am Leben gehalten worden ist. Also, Susanne, hab mal Geduld!

Ehrlich gesagt, finde ich es prima, dass du dich – wenn auch unter dem Druck deiner Mutter – mit Rollstuhl und Stefan – mal ohne deine anderen kleinen Geschwister – auf den Weg durchs Dorf zur Apotheke gemacht hast. Einigen Leuten hast du sogar einen guten Tag gewünscht. Und sie haben dich nicht ausgelacht, sondern alle freundlich zurückgegrüßt. Was machtest du daraufhin? Zu Hause umarmtest du Stefan ganz fest und er wagte ein leichtes Lächeln. Es war das erste für dich nach dem Krankenhaus. Meinst du nicht, dass du dich also gar nicht schämen musst, wenn du ihn zwischendurch nicht magst? Eigentlich war es ja nur kurzzeitig, weil dir sein leidendes Gesicht auf den Wecker ging. Ist das jetzt wieder in Ordnung? Ja? Dann ist es gut. Ich weiß, dass dein Bruder jetzt wieder ganz in Ordnung ist. Er lacht wieder und ist „voll da".

Um noch mal auf deine Vorsätze zurückzukommen: Hältst du sie jetzt? Du hast dir etwas vorgenommen. Mit deinem Bruder rauszugehen ist vernünftig. Dass du da manchmal fürchtest, „angemacht" zu werden, ist unlogisch. Seit drei Jahren ist dir das nicht mehr passiert.

Du möchtest dich mehr um ihn kümmern! Nur kannst du es nicht „um ihn kümmern" nennen, wenn du dich neben ihn setzt und ein Buch liest. Ich finde, du solltest dich dann wirklich mit ihm beschäftigen.

Ich kann es verstehen, dass es dich oft stört, wenn du abends und nachmittags oder in den Ferien nicht weg kannst, weil du auf deinen Bruder aufpassen musst. Dann nervt dich alles an ihm, manchmal schon sein bloßes „Nicht Nerven"! Sein einfaches „Still Dasitzen" lässt einen manchmal wahnsinnig werden. Wenn er dann doch bloß, wie andere, etwas runterschmeißen würde oder wenigstens redete. Stimmt's? Na, siehst du!

Du könntest eigentlich ein ganz gutes Verhältnis zu deinem Bruder haben, denn immer, wenn du irgendein Problem hast, gehst du zu ihm und erzählst es ihm. Du weißt genau, dass er dir immer zuhört und es nicht weitererzählt. Also kannst du doch so sauer auf deinen Bruder gar nicht sein! Es stimmt gleichzeitig trotzdem: Er macht Arbeit, wenn er trinken, essen oder frische Windeln haben soll, wenn man ihn lagern, seine Spucke wegwischen oder ihn umziehen muss. Aber wenn er lacht und dich anstrahlt, ist alles wieder in Ordnung.

Es ärgert dich, dass es dich ärgert, dass dein Bruder dich

nervt. Aber nerven die anderen nicht auch? Also, wenn du dich ein bisschen bemühst, kommst du doch mit Stefan gut zurecht.

Ich habe nicht das Gefühl, dass er dir gleichgültig ist. Du hast um ihn genauso Angst wie um andere und mit ihm ebensoviel Freude wie mit den anderen auch.

Ich hoffe, du lernst aus dem Brief etwas!

Dein anderes Ich

(Susanne, 15 Jahre)

Lieber Sebastian!

Ich bin traurig, dass Fabian krank ist. Ich weiß aber nicht genau, warum ich traurig bin. Ich bin traurig, weil ich nicht mit ihm spielen kann. Wenn er gesund wäre, könnten wir zusammen Batman spielen oder malen oder basteln.

Ich bin fröhlich, weil Fabian oft auf dem Boden liegt und ich dann mit ihm spielen kann. Opa ist mein Freund, weil er oft mit mir spielt und Süßigkeiten mitbringt. Wenn meine Freunde aus der Schule mich besuchen, fragen sie, ob Fabian behindert ist, ob er hören kann, ob er sehen kann und so weiter.

Sebastian (8 Jahre)

„Jetzt bin ich mal du"

Briefe an sich selbst aus der Sicht des behinderten Geschwisterkindes

„Worüber habt ihr geredet?", will ich von Melanie wissen. „Sehr viel über uns selbst und darüber, was es heißt, einen behinderten Bruder oder eine behinderte Schwester zu haben. Wir haben uns gegenseitig erzählt, welche Situationen zu Hause nicht so leicht sind und was wir machen können, um sie beim nächsten Mal vielleicht anders zu lösen", sagt Melanie. Und sie fügt hinzu: „Es war gut, so viele Kinder zu treffen, die ähnliche Erfahrungen gemacht haben. Ich habe nicht viel erklären müssen und bin trotzdem verstanden worden." Und dann erzählt sie mir etwas, was ich sehr spannend finde: „Stell dir mal vor, Max, bei einer Aufgabe sollte ich mir vorstellen, ich wäre du und schriebe einen Brief an mich, Melanie. Lustig, nicht?" Als ich den Brief dann aber mal lesen wollte, hat Melanie gesagt, der sei ihr Geheimnis.

Die Kinder und Jugendlichen haben also auch Briefe an sich selbst geschrieben, wobei sie sich in die Rolle des behinderten Bruders oder der behinderten Schwester versetzt haben.

Hallo, Isabelle!

Ich freue mich immer sehr, wenn du mit mir spielst oder mir etwas vorliest. Ich kann es zwar nicht sagen, aber ich glaube, dass du es trotzdem merkst.
Ich bin froh, dass ich so viele Zeichen gelernt habe, denn sonst würden mich alle nicht so gut verstehen können. Ich freue mich auch, wenn du mir manchmal deinen Nachtisch gibst, wenn du ihn nicht magst. Ich mag ihn immer sehr gern. Du ärgerst mich zwar manchmal, aber das mache ich ja auch ab und zu. Im Großen und Ganzen bin ich ganz froh, dass ich dich als Schwester habe.

Dein Tim

(Isabelle, 9 Jahre)

Liebe Barbara!

Morgens finde ich dich nervig, weil du ausschlafen willst und mich immer anschreist, wenn ich zu laut „Benjamin Blümchen" höre. Wenn ich dann in dein Zimmer komme und das Licht anmache und „Barbara, aufstehen!" rufe, stehst du nicht auf.

Dann endlich kommst du zum Frühstücken. Wenn alle mit dem Essen fertig sind, möchte ich meistens am Tisch ein bisschen kuscheln. Du magst das gar nicht, aber Mama und Papa grinsen immer, wenn du versuchst, mich abzuwehren.

Jetzt wirst du erstmal böse und rauschst ab in dein Zimmer. Mir ist langweilig. Arne ist bei einem Freund und du bist oben.

Jetzt kommst du runter und übst Klavier. Da spiele ich meistens mit den Bongos mit. Kurze Zeit macht das Spaß, dann habe ich keine Lust mehr und gehe in die Küche.

Ich habe Lust auf was Süßes – Kekse. Ich setze mich an den Küchentisch und fange an, sie aus der Packung zu holen. Da kommst du und nimmst sie mir weg. „Sind für den Besuch!", sagst du. Das finde ich doof und fange an zu weinen. Du sagst nur: „Flenn hier nicht rum, sonst hört Mama was und du kriegst mehr Ärger."

Gut an dir finde ich, dass du mich häufig in Schutz nimmst, selbst dann, wenn du den Ärger abkriegst, weil ich etwas angestellt habe.

Ich kann mich auch bei dir ausheulen, nicht immer, aber wenn du meinst, dass ich zu Recht heule, darf ich.

Gegen die Omas – wenn ich bei denen nicht vor dem Fern-

60

seher sitze und ruhig bin – verteidigst du mich immer. Du
schreist zwar immer, wenn ich dich geärgert habe, du
würdest mir nie mehr helfen, aber dann tust du es zum
Glück doch wieder!

Du weißt meistens, ob ich jemanden veralbere oder ob ich
wirklich nicht die Spaghetti auf die Gabel kriege.

Du hasst es, mir hinterher zu laufen, wenn ich spazieren
gehe, ohne jemandem Bescheid gesagt zu haben. Lass mich
doch auch mal!

Ich fände es auch toll, wenn du mich zu fast allen deinen
Auftritten mitnähmest und dich nicht immer schämtest,
wenn ich der Lauteste bin, mich vor Freude kugele und
quietsche und mitsinge. Aber ich glaube, irgendwann
schaffst du das auch.

Ich habe dich lieb, auch wenn wir uns sehr oft streiten!

Dein Helge

(Barbara, 12 Jahre)

Lieber Markus!

Ich finde es schade, wenn du mich immer so abblitzen lässt.
Trotzdem kann ich verstehen, dass du manchmal allein
sein willst.

Aber versteh du doch ebenso, dass ich auch was von dir
haben will. Ich meine, wenn du mit Inlinern weg bist oder
Klavierunterricht hast oder mit dem Fahrrad fort bist,
dann habe ich ja sowieso nichts von dir. Du sollst dir mal

mehr Zeit für mich nehmen. Wir könnten dann mit Lego spielen oder mit den Spielzeugautos, die du mir geschenkt hast. Und dabei könnten wir dann Musik hören.

Dein Bruder Andreas

(Markus, 13 Jahre)

„Liebe Wünsche zu deinem Himmelsgeburtstag"

Briefe an verstorbene Geschwister

Melanie hat mir auch erzählt, dass sie auf dem Seminar ein Mädchen kennen gelernt hat, dessen Schwester vor einiger Zeit gestorben ist. Das Mädchen war ziemlich traurig. In ihrem Leben hatte sich ohne die Schwester jetzt so vieles verändert. Die Seminarleiterinnen haben ihr gesagt, sie solle das ihrer Schwester doch einfach schreiben.

Die folgenden Briefe wurden an verstorbene Geschwister geschrieben.

Kinder und Jugendliche, die an Seminaren für Geschwister behinderter Kinder teilgenommen haben und deren behinderte Geschwister gestorben sind, werden auch weiterhin eingeladen.

Sie bringen dann ihre Erfahrung mit ein und erinnern sich in den Briefen an ihren Bruder oder ihre Schwester.

Lieber Fabian!

Du freust dich bestimmt über diesen Maulwurf auf dem Briefpapier, weil du lustige Sachen magst.

Ich habe „Ja" zu dir gesagt, als ich mit dir gespielt habe. Das war immer lustig. Du hast versucht, mich zu berühren, und ich bin immer aufs Sofa gesprungen.

Ich weiß, dass du das auch toll fandest, weil du dann immer gelacht hast.

Ich finde es schade, dass du jetzt nicht mehr mit mir spielen kannst.

Ich finde es schade, dass du gestorben bist. Doch nun bist du im Himmel und kannst Gott helfen. Vielleicht hilfst du ihm ja auch schon?

Ich bin mir sicher, dass du den Brief von mir hören kannst. Dreh den Brief bitte um, ich habe dir dort eine Überraschung gemalt.

Liebe Wünsche zu deinem Himmelsgeburtstag.

Florian (8 Jahre)

Lieber Fabian!

Erinnere dich mal an den Tag, als wir im Phantasialand waren. Da habe ich „Ja" zu dir gesagt, indem ich dich fünf oder mehr Schrägen rauf- und runtergefahren habe. Ich habe „Ja" zu dir gesagt, indem ich mit dir gespielt und geschäkert habe. Ich habe „Ja" zu dir gesagt, indem ich auf dich aufgepasst habe, wenn kein anderer zu Hause war. Ich habe „Ja" zu dir gesagt, indem ich dich auf deiner Matte umgedreht habe. Das alles hast du mir stets mit einem Lächeln vergolten. Das ist der schönste Lohn, den du mir geben kannst. Danke.

Dein Daniel (12 Jahre)

Lieber Thomas!

Dein Bruder zu sein bedeutete für mich, dass ich Verantwortung übernehmen, auf dich aufpassen und mit dir spielen musste. Ich habe dich fröhlich erlebt und manchmal auch traurig. Wenn du beim Essen Papa ärgertest, wurdest du immer umgedreht. Das mochtest du gar nicht. Ich war mit dir und der Familie in Dänemark und es war schön mit dir, Thomas. Du hast dich immer gefreut, wenn wir an den Strand gegangen sind. Ich musste öfter aufs Spielen verzichten, aber ich wollte es meistens und habe dann auf dich aufgepasst.
Ich konnte mit dir spielen, wenn auch anders als mit anderen Kindern.

Wo du jetzt bist und ob du jetzt so wie ich reden kannst und so, weiß ich nicht.
Viele Grüße!

Dein Matthias (10 Jahre)

Lieber Thomas!

Es ist vieles anders geworden ohne dich.
Zum Beispiel hole ich dich nicht mehr um drei rein, weil du nicht mehr da bist. Abends kann ich nicht mehr beruhigt einschlafen.
Und in den Ferien kann ich nicht mehr mit dir und den Kaninchen spielen. Jetzt denke ich immer nach der Kirche an dich und gehe auf den Friedhof. Wenn ich zu deinem Grab gehe, dann muss ich immer an dich denken, wie du lachend oder brummend von der Therapie gekommen bist. Dann wolltest du oft Radio hören und mit deinem Kuscheltier schmusen.
Manchmal haben wir ja auch Kuscheltiere getauscht, dann habe ich dir meinen Esel gegeben und du mir Brumie oder auch mal Kasimir.
Und wenn wir mit Petra Versteck gespielt haben, hattest du oft die besten Verstecke.
Jetzt mache ich Schluss. Schöne Grüße von Matthias, Petra, Stefanie, Mama und Papa und mir.
Tschüss.

Dein Matthias (10 Jahre)

Lieber Thomas!

dies ist der erste Brief, den ich an dich schreibe, seitdem du gestorben bist. Ich weiß aber nicht, ob dieser Brief je ein Ende finden wird. Ich versuche dir zu schreiben, was sich für mich seit deinem Tod verändert hat. Am meisten fehlt mir, dass es am Essenstisch immer so still ist. Zwar ist Matthias, der Schreihals, noch da, aber er ersetzt dich noch lange nicht und wird es auch nie tun. Dein Platz am Tisch ist jetzt auch morgens und abends leer, außerdem ist die Stimmung oft betrübt.

Dein Lachen und dein Frohsinn fehlen am Tisch und auch oft auf der Matte. Aber nicht nur dein Lachen, sondern auch dein Weinen fehlt mir sehr. Ich weiß nicht, wie die anderen das empfinden. Aber ich wollte dir ja von mir schreiben. Seitdem du tot bist, bin ich übertags nicht mehr so oft im Wohnzimmer.

Ich frage mich oft, ob du auf deiner Matte nicht ziemlich abseits lagst. Ich hatte oft das Gefühl, dass du dich ausgestoßen fühltest, da du so am Rande lagst. Aber ich mochte nichts sagen, weil ich wusste, dass ich nichts ändern würde, aber vielleicht hätte ich es trotzdem machen sollen, dir zuliebe. Jetzt wird es auch nichts mehr ändern, da du tot bist. Für mich hat sich auch meine Freizeit sehr verändert; ich habe viel mehr Freiraum als zu deiner Zeit. Das liegt daran, dass ich nicht mehr auf dich aufpassen muss, was ich, ich gebe es zu, nicht immer gern getan habe. Eigentlich war es komisch. Du warst fünf Jahre älter als ich, aber ich musste auf dich aufpassen. Im Grunde hätte es ja andersrum sein müssen, aber du konntest wegen deiner Behinderung eben nicht alleine bleiben, was ich auch nicht schlimm fand. Trotz deines Todes fahren wir auch weiterhin zu Tagungen. Hier kann ich mit Leuten reden, wenn es mir zu Hause zu bunt wird. Ich erinnere mich noch oft daran, wie es war, als du auch mitgefahren bist.

Manchmal liege ich abends im Bett und bin traurig, manchmal weine ich auch und überlege, warum es dich treffen musste, warum jetzt und so weiter. Ich überlege auch oft, warum ich dir nicht einfach erzählen kann, was ich erlebe, wie ich es früher getan habe oder es manchmal hätte machen wollen. Einiges würde ich dir so gerne erzählen. Du könntest mir zwar nicht antworten, aber du würdest mich ziemlich gut verstehen.

Weihnachten war es auch sehr komisch. Wir saßen um den Tannenbaum und wussten nicht so recht, was wir machen sollten. Wir haben dann auch an dich gedacht, waren traurig, dass du nicht dabei sein konntest, und haben auch geweint. Nach einiger Zeit haben wir dann doch noch gesungen und die Geschenke verteilt.

Deine Sachen gibt es größtenteils noch. Deine Matte mit deinem Spielsack liegt immer noch im Wohnzimmer. Mama macht jeden Morgen auf der Matte ihre Übungen. Alles wie früher. Aber dein Bett steht nicht mehr. Matthias hat nach deinem Tod eine ganze Zeit lang in deinem Bett geschlafen. Jetzt ist Mama mit ihrem Arbeitszimmer in euer Zimmer gezogen und Matthias ist nach oben gekommen. Dein Bett ist niedrig gesetzt und als Sofa in mein Zimmer gestellt worden.

Deine Klamotten sind in Kisten verpackt, aber einige Sachen, die mir passen, trage ich schon. Ich werde auch andere Sachen noch von dir anziehen oder gebrauchen.

In Dänemark ging es eigentlich ganz gut. Auch dort habe ich oft an dich gedacht, aber nicht so oft, wie ich es sonst wohl tue. An deinem Geburtstag waren Mama, Papa und Matthias an deinem Grab. Ich war einige Tage später da. Ich hoffe, dass du diesen Brief verstehen würdest, aber ich glaube schon.

Viele Grüße!

Deine Schwester Petra (13 Jahre)

„Danke, dass du da bist"

Dieser Text entstand 1990 auf einem Seminar mit jugendlichen Geschwisterkindern, die sich mit dem Thema „Werte" auseinandersetzten. Die zentrale Frage war, wieweit ihr Werteverständnis durch das Leben des behinderten Familienmitglieds geprägt wurde.

Danke.

Danke für die Werte, die du uns schenkst.

Danke für das Direkte und Unmittelbare,
das du herausforderst und gibst.
Danke für dein Leben im Augenblick.

Danke für das genaue Hinsehen Müssen,
das du forderst, das dein Leben erfordert.
Danke für das genaue Hinsehen Können,
das ich durch dich gelernt habe.

Danke für dein Verständnis für mich.

Danke, dass ich durch dich die Möglichkeit habe,
so viel verstehen zu lernen.

Danke für deine Offenheit und deine
offen gezeigten Gefühle.
Danke für die Möglichkeit, die du mir aufgetan hast,
anders denken und sehen zu lernen.
Danke, dass du mir Möglichkeiten schenkst,
mich mit dem Leben ganz anders auseinander zu setzen.

Danke, dass du dich so annimmst, wie du bist.
Danke, dass ich mich dadurch besser annehmen kann,
wie ich bin.

Danke für dein Glücklich Sein.

Danke für dein Vertrauen.

Danke, dass du mir dazu verhilfst,
mehr zu mir selber zu kommen.

Danke für deine Beziehung zu mir
und für dein Gespräch, das über Worte,
die du sprechen kannst, hinausgeht.
Danke für die Ebenen der Begegnung,
die du mir eröffnest.

Danke für deine Geduld.
Danke, dass ich durch dich lernen muss,
Geduld zu haben und Zeit anders einzuschätzen.

Danke für die Herausforderung durch dich.
Danke für die Fragen durch dich.

Danke, dass du da bist.

„Hallo du – ja, genau du! Mach doch mit!"

Briefe von uns an euch

Die folgenden Briefe der Geschwister sind als gemeinsame Botschaften in Kleingruppen oder auch im Gesamtplenum einer Tagung entstanden.

Liebe Geschwister von behinderten Kindern!

Wir sind hier auf einer Tagung, auf der wir über unsere behinderten Geschwister reden und Erfahrungen austauschen.

Wir tun das in Kleingruppen oder auch mit allen zusammen. Wir schreiben diesen Brief, damit ihr von den Tagungen erfahrt. Vielleicht wollt ihr ja auch mal teilnehmen.

Wir wollen euch von unseren Erfahrungen mit unseren behinderten Geschwistern berichten.

Wir haben auf den Tagungen viel gelernt. Zum Beispiel können wir hier offen miteinander reden und trauen uns das jetzt auch zu Hause.

Wir haben auch gelernt, nicht nur die Behinderung unserer Geschwister zu sehen, sondern auch über Menschen allgemein nachzudenken.

Hier kann man auch lernen, sich durchzusetzen und seine Meinung zu vertreten.

Unsere Gemeinschaft hier hat uns gezeigt, dass wir nicht

alleine sind und dass uns ähnliche Fragen verbinden, auf die wir jedoch oft verschiedene Antworten haben.

Die Gruppe

Hallo ihr!

Wir sitzen gerade in einer Kleingruppe auf einer Tagung und besprechen Fragen über unsere behinderten Geschwister. Eine Frage, die wir häufig stellen, ist: „Was wäre, wenn mein Bruder oder meine Schwester nicht behindert wäre?" Und auch: „Warum habe gerade ich ein behindertes Geschwisterkind?"
Manchmal fällt es uns schwer, damit fertig zu werden, dass das Geschwisterkind so bleiben wird, wie es ist, nämlich immer behindert. Hier können wir lernen, unsere behinderten Geschwister aber gerade so zu akzeptieren, wie sie sind.
Als Geschwister von behinderten Kindern verbindet uns vieles. Das Austauschen über schwierige Situationen und darüber, wie man sie meistern kann, macht Mut, sich gegen andere durchzusetzen, die kein behindertes Geschwisterkind haben.
Wir stellen fest, dass wir oft die gleichen Probleme haben, und deshalb lacht keiner hier, wenn wir von unseren Lebenssituationen erzählen. Keiner spottet, wenn wir hier mal traurig sind und weinen.
Wenn wir nach einer Tagung wieder nach Hause fahren, nehmen wir viele Erfahrungen mit:

Wir wissen, dass wir mit unserer Situation nicht alleine sind und dass andere auch damit fertig werden müssen. Das hilft, mehr Selbstvertrauen zu gewinnen. Nach niederschmetternden Situationen kann man sich dann gegenseitig wieder aufbauen.

Wir wünschen uns, dass ihr unsere behinderten Geschwister akzeptiert und dass ihr über unsere Fragen und Gedanken nachdenkt.

Tschüss!

Eure Gruppe

Hallo du!

Wir danken dir dafür, dass du uns geholfen hast – auf verschiedene Art und Weise.

Du hast mit uns über unsere Probleme nachgedacht und mit uns versucht, Antworten auf unsere Fragen zu finden. Und du hast uns Hoffnung gegeben. Wir geben einander und nehmen voneinander.

Wir stellen Fragen und finden zusammen Antworten. Auch du hast vielleicht Kraft geschöpft, indem du dich mit uns auseinander gesetzt hast. Wir alle haben uns gegenseitig hoch geholfen. Die Kraft, die wir uns gegeben haben, können wir auch weitergeben, um vielleicht anderen aufzuhelfen.

Tschö!

Eine Gruppe von Kindern

Hallo du!

Wenn ich am Boden zerstört bin, etwa dann, wenn andere Leute mich nicht verstehen oder eine Meinung haben, die ich nicht akzeptieren kann und die mich sehr traurig macht, dann komm bitte zu mir, hör mich an und versuche, mich zu verstehen. Ich brauche dann jemanden, an dem ich meinen Dampf ablassen kann, der mir beisteht, mir hilft, mich zu verteidigen.

Je mehr du von meinen Problemen verstehst oder versuchst, sie zu verstehen, um so mehr werde ich meinen Frust los und wir tragen ihn dann gemeinsam. Ich weiß, dass du mich verstehen kannst. Das gibt mir Mut, über meine Probleme zu sprechen. Dann schweigen wir gemeinsam oder schimpfen über die Leute, die mich fertig gemacht oder gekränkt haben, und suchen nach Argumenten.

Danach geht es mir dann besser. Ich kann dann mit den neuen Argumenten, die wir gemeinsam gefunden haben, versuchen, andere zu überzeugen. Vielleicht werde ich jetzt verstanden.

Ich danke dir, dass du mir so geholfen hast, mich wieder aufzuraffen. Danke!

Ohne dich hätte ich das nicht geschafft.

Ich will dir auch helfen, versuchen, dich zu verstehen, wenn du ein Problem hast, mit dem du nicht alleine fertig wirst. Sag es mir. Zusammen sind wir stark.

Tschüss und nochmals danke!

Eine Gruppe von Kindern

Liebes Du!

Wir sind hier auf einer Intensivtagung und haben uns gestern dem Problem Euthanasie gestellt.

Die Vorstellung, dass es Leute gibt, die behindertes Leben für unwert halten und es somit töten wollen, macht uns ganz viel Angst und hat uns auch gleichzeitig runtergezogen.

Wir erzählen gerade dir von diesem Problem, weil du uns verstehst und uns jederzeit zuhören wirst. Durch die Erfahrungen, die wir mit dir gemacht haben, haben wir ein großes Vertrauen in dich. Wir brauchen jetzt jemanden, der uns Mut macht und zu uns steht; und jemanden, der uns das Gefühl gibt, dass wir mit unserem Problem nicht allein auf der Welt sind.

Das ist die Hilfe, die du uns geben kannst, wenn du uns antworten möchtest. Danke, dass wir dich anschreiben konnten!

Wir, eine Gruppe von Kindern

„Leicht haben wir's nicht immer"

Dieses Papier wurde 1988 anlässlich einer Tagung zum Thema: „Leicht haben wir's nicht immer" mit 25 Geschwistern von behinderten Kindern im Alter von 7 bis 17 Jahren erarbeitet. Seither dient es immer wieder als Diskussionsgrundlage in Gruppen mit Geschwistern oder in Elternrunden.

Manchmal ausgesprochene Gedanken:
Ich weiß, dass unsere Familie so ist, wie sie ist. Ich mag sie so. Ich weiß, was ich von dir und von allen bekomme, trotz allem, worauf ich auch verzichten muss.
Ich weiß, dass wir zusammenhalten müssen, dann geht es besser. Mich macht das stark.
Ich weiß, dass ich dabei wichtig bin und dazu beitragen kann.

Kinder und Jugendliche im Alter von 7 bis 17 Jahren denken übereinstimmend:
Sag nicht, dass ich keine Probleme mit unserer Situation habe. Ich will sie mittragen und helfen. Aber das ist nicht immer leicht.
Lass mich über das sprechen, was mich bedrückt. Auch wenn es nichts ändert oder nicht änderbar ist. Du weißt aus eigener Erfahrung, dass Reden hilft.
Hab auch mal Zeit für mich und meine Sorgen. Sie sind auch ganz wichtig.

Lass mich nicht zu oft sagen müssen: „Ich bin doch auch noch da!"

Sorg dich nicht, dass du zu wenig Zeit für mich hast. Was zählt, ist, wie wir diese Zeit miteinander nur für uns verbringen.

Sag mal einfach so, dass du mich auch lieb hast. Das hilft mir, wenn ich manchmal Rücksicht nehmen muss, was mir oft schwer fällt.

Halte bitte aus, wenn wir uns streiten. Das gehört dazu, auch wenn jemand behindert ist.

Kinder im Alter von 11 bis 14 Jahren ergänzen:
Sorge dich nicht so sehr, wenn ich sage: „Ich mag meinen Bruder oder meine Schwester nicht!"

Jeder nervt manchmal. Das hängt nicht mit der Behinderung zusammen.

Sage mir nicht dauernd, was für meine Schwester oder meinen Bruder gut ist.

Ich weiß ganz genau, was ich tun kann, damit es gut ist und dich entlastet.

Hab keine Angst, mir genau zu sagen, was du in Bezug auf meinen Bruder oder meine Schwester von mir willst. Dann weiß ich, woran ich bin.

Jugendliche im Alter von 14 bis 17 Jahren fügen hinzu:
Lass mich auch mal wütend sein dürfen auf alles bei uns, was durch die Behinderung so schwierig ist. Wenn du mir kein schlechtes Gewissen machst, beruhige ich mich schneller.

Verlange von mir die Rücksichtnahme, die du brauchst,

78

damit du alles das tun kannst, was im Moment wichtiger ist. Erkläre mir, wenn das so ist.

Befasse dich nicht zu sehr damit, wenn ich einmal versagt habe. Ich möchte kein schlechtes Gewissen deswegen bekommen.

Sage mir, dass ich für dich wichtig bin. Dann kann ich viel mehr tun, als du ahnst.

Lobe mich auch einmal, wenn ich etwas tue, das du für selbstverständlich hältst. Ich freue mich, wenn du es bemerkst.

Entschuldige dich bei mir, wenn du meinst, etwas falsch gemacht zu haben. Ich nehme das gern an. Das bringt mich dir näher.

Entzieh dich nicht, wenn ich etwas über die Behinderung wissen will. Ich kann schon verstehen, dass du mir nicht immer antworten kannst. Dann sag mir, wohin ich gehen soll. Ich brauche Antworten.

Du musst mir nicht zeigen, dass du immer alles schaffst. Es ist einfach manchmal schwer. Ich weiß das. Wenn du es mir auch zeigen kannst, bist du kein zu großes und unerreichbares Vorbild für mich.

Beteilige mich an deinen Sorgen, wenn ich sie verstehen kann. Deine Offenheit schenkt mir Vertrauen. Ich kann dann mehr Verständnis aufbringen.

Mute mir zu, was du mir zutraust. Du wirst erfahren: Manchmal bin ich sogar stärker, als du erwartet hast.

(Anmerkung: Teilweise werden diese Sätze von der Gruppe der 11- bis 14-jährigen Kinder abgelehnt, weil sie als zu fordernd empfunden werden.)

„Du bist du"

Brief an dich

Vergiss nicht: Ich bin nicht du – du bist nicht ich! Du bist du!

Liebe/r.......................!

Du hast nun die Geschichten und Gedanken in diesem Buch gelesen. Vielleicht hast du dich in einigen Beispielen wiedererkannt und kannst dich an ähnliche Erlebnisse mit deinem Bruder oder deiner Schwester erinnern.

Vielleicht möchtest du manche Gedanken ergänzen. Es fehlt dir etwas, was dich beschäftigt und bewegt und worauf du uns und andere aufmerksam machen möchtest. Deine Gedanken sind wichtig. Vielleicht hat dich auch manches gestört, vielleicht siehst du einiges ganz anders. Das ist genauso ernst zu nehmen. Wir wissen, dass wir daraus viel lernen und neue Sichtweisen gewinnen können. Bei den Treffen von Geschwistern geht es um deine Erfahrungen. Du sollst Platz und Raum bekommen, um deine Gedanken und Gefühle an- und aussprechen zu dürfen, dir trauen und vertrauen zu können. Vielleicht geben dir die Gedanken dieses Buches Anregungen für deine Situation. Vielleicht versuchst du, wie die Geschwister es gemacht haben, etwas aufzuschreiben, oder du möchtest mal zu einem Treffen kommen und mit anderen Geschwistern Kontakt aufnehmen. Du kannst auch an uns schreiben. Wir hören dir gerne zu. Unsere Adressen findest du auf der letzten Seite des Buches. Wir bemühen uns, dir zu antworten. Über jede Frage und Anregung freuen wir uns. Wenn jeder, der auf der Suche nach seinem Platz in der Familie und im Leben ist, ihn finden soll, wenn jeder sich so, wie er ist, angenommen fühlen soll, ist es wichtig, Gedanken auszutauschen, miteinander zu reden und das auszusprechen, was uns bewegt. Nur so kann jeder dann auch das bekommen, was er braucht.
Vergiss nicht: Ich bin nicht du – du bist nicht ich! Du bist du!
Wir würden uns freuen, von dir zu hören!

Charlotte und Marlies

An die Eltern

Liebe Mutter, lieber Vater!

Sie haben soeben die Geschichten von Geschwistern behinderter Kinder gelesen.

Wir hoffen, dass Sie sich haben ansprechen lassen von den Gedanken, Erfahrungen, Fragen und Erkenntnissen der Geschwister, die hier geschrieben haben. Vielleicht haben Sie auch Ihre Gefühle in manchen Geschichten wieder erkannt. Vielleicht fragen Sie sich, ob Ihre Kinder ähnliche Gedanken bewegen. Vielleicht haben Sie manches gefunden, was Sie aus Gesprächen mit Ihren Kindern innerhalb der Familie kennen.

Wir haben die Erfahrung gemacht, dass es wichtig ist, die Sichtweise der Geschwister kennen zu lernen und zuzulassen. In einer Familie erlebt jeder anders. Und aus seiner Position heraus kommt er zu anderen Fragen und Urteilen.

Lassen Sie sich von den Geschichten der Kinder und Jugendlichen berühren. Sie erhalten hier direkte Mitteilungen. Die Geschwister begegnen ihren behinderten Brüdern und Schwestern ganz unmittelbar. Manche Fragestellungen, die Sie als Mütter und Väter quälen, kennen sie nicht.

Die Fähigkeiten der behinderten Schwestern und Brüder schätzen Geschwister anders ein als Sie. Ein Beispiel aus dem Familienalltag, das mit geringen Abweichungen oft erzählt wird, betrifft die Mithilfe aller Kinder im Haushalt: Der behinderte Bruder, die behinderte Schwester kann durchaus den Geschirrspüler einräumen, auch wenn es länger dauert. Für die Geschwister besteht keine Notwendigkeit, diese Tätigkeit mit übernehmen zu müssen, weil Sie glauben, das behinderte Kind sei damit überfordert oder die Zeit reiche wegen seines langsamen Tempos nicht aus. Fragen der Gerechtigkeit spielen in der Begegnung von Geschwistern behinderter Kinder ebenso eine Rolle wie in den Geschwisterbeziehungen jeder Familie. Eifersucht und Streit gäbe es sicher auch, wenn kein Kind behindert wäre.

Wir wissen aus vielen Gesprächen mit Eltern, dass Sie so gerne sagen würden, alles wäre ganz „normal". Sie haben oftmals Angst davor, neue und zusätzliche Probleme zu bekommen, wenn Sie sich die Sichtweisen der Geschwister deutlich machten. Sie haben mitunter ein schlechtes Gewissen. Sie schrecken davor zurück, weil Sie in dem ohnehin schon schwierigen Alltag nicht noch einer Anforderung nachkommen können.

Aber darum geht es nicht. Für Ihre Familie ist das Zusammenleben so, wie es ist. Vieles ist durch die Bedürfnisse des behinderten Kindes festgelegt. Sie sind oftmals auf die Unterstützung durch die Geschwister angewiesen. Manchmal macht Ihnen das auch zu schaffen, es läßt sich jedoch nicht ändern. Dort, wo es möglich ist, wollen die meisten Geschwister auch helfen. Sie erkennen die Notwendigkeit und wissen, wie wichtig ihre Mithilfe für die Bewältigung des Alltags ist.

Außerdem sind sie meistens stolz auf die Fähigkeiten, die sie durch den besonderen Umgang mit dem behinderten Familienmitglied erwerben. Sie möchten sagen dürfen, was sie empfinden. Es ist ganz wichtig, sie daran nicht zu hindern. Beteiligen Sie die Kinder an Ihren Gefühlen und Auseinandersetzungen. Sie machen ihnen damit deutlich, dass es erlaubt ist, eigene Fragen zu äußern. Der behinderte Bruder oder die behinderte Schwester ist anders, das spüren die Geschwister sehr wohl. Sie müssen für sich einen Weg finden, damit zu leben, wie Sie als Eltern auch.

Manchmal braucht man Menschen, die nicht an der konkreten Alltagsbewältigung beteiligt sind und Ihnen aus einem gewissen Abstand heraus unter Umständen neue Sichtweisen vermitteln. Reden verändert nicht die Situation. Sich mit seinen Fragen, Beobachtungen und Zweifeln angenommen zu wissen schafft neue Möglichkeiten der Bewältigung. Ihren Kindern geht es ähnlich.

Jeder trägt einen wichtigen Teil zum Ganzen der Familie bei. Jeder hat seinen besonderen Platz und jeder braucht auch Platz für sich. Unter dem Titel „Ich bin nicht du – du bist nicht ich" haben Sie von den Gedanken der Geschwister erfahren. Jeder hat das Recht auf seine eigenen Erfahrungen. Das gilt für alle Familienmitglieder.

Jeder soll sagen dürfen:
Ich bin doch auch noch da.
Ich bin nicht immer gleich.
Guck mich doch mal anders an.
Halt – halte mich – halte mich aus.
Ich neben dir – du neben mir.
Ich erlebe anders als du.

Ich nehme mich ernst – ich nehme dich ernst.
Ich bin ein Teil des Ganzen.
Ein bisschen von mir – ein bisschen von dir –
viel für uns alle.
Jeder findet seinen Platz.

Die Herausgeberinnen

An die, die mit behinderten Menschen und deren Angehörigen arbeiten

Wenn Sie als Mensch, der beruflich mit behinderten Menschen, deren Eltern oder Geschwistern umgeht, dieses Buch gelesen haben, sind hoffentlich einige Ihrer Fragen beantwortet worden, andere bleiben offen und neue sind möglicherweise dazugekommen.

Bei Gesprächen mit Fachleuten begegnet uns immer wieder die Frage, wie man Eltern dazu motivieren könne, ihre nicht behinderten Kinder begleiten zu lassen. Sie kennen wie wir die Angst mancher Eltern, dass damit weitere Fragen und eventuell auch Probleme auf sie zukommen könnten. Wir vertreten sowohl Eltern als auch Kindern gegenüber die Meinung, dass jedes Familienmitglied einen eigenen Raum braucht, um sich den persönlichen Fragen stellen zu können. Diese Räume können nur gefunden werden, wenn es entsprechende Angebote von außen gibt: solche, die für Eltern oder Kinder gedacht sind und andere, an denen die gesamte Familie teilnehmen kann.

Es ist wichtig, den Eltern überzeugend zu vermitteln, dass es kein Versagen ist, für sich selbst oder die nicht behinderten Kinder nach einer adäquaten Begleitung zu suchen. Viele Eltern haben Sorge, dass durch das Ansprechen der Behinderung und der daraus erwachsenden Auseinandersetzung ein weiteres Kind der Familie zum Problemkind werden könnte, und zögern daher, nach speziellen Angeboten für die Geschwister zu suchen. Eltern müssen sicher sein können, dass in der Begleitung der Geschwister nichts gegen die Familie geschieht. Ziel muss sein, den Auseinandersetzungsprozess und die Persönlichkeitsentwicklung des Kindes bzw. des Jugendlichen zu fördern. Im besten Fall wird dadurch das Zusammenleben in der Familie entlastet. Vielleicht können diese Geschichten den Eltern Anregung zu Gesprächen sein.

Geschwister brauchen das Gefühl, dass ihre Sichtweisen und Gedanken zugelassen sind.

Eine weitere Erfahrung, die wir in Gesprächen mit den Geschwistern immer wieder machen, ist ihre oft sehr direkt an uns gestellte Frage, welche Haltung wir zum Leben behinderter Menschen vertreten und wie wir ihnen begegnen. Wir werden sehr genau geprüft; die Geschwister wollen ernst genommen werden. Sie legen Wert auf ehrliche Antworten, auch dort, wo wir keine Lösungen anbieten können. Es zählt die Bemühung, sie bei der Suche nach ihrem Weg zu begleiten.

Die Herausgeberinnen

Literaturverzeichnis

Bücher mit allgemeinen Geschwistergeschichten

Bröger, Achim: Geschwister – nein danke!? Würzburg 1992.

Heinrichsdorff, Pierre / Heinrichsdorff, Markus: Honiggelb und Grasgrün. Eine Geschichte von Geburt, Liebe und Eifersucht. Hildesheim 1995.

Kantelhardt, Arnhild von (Hrsg.): Komm, hau ab! Geschwister-Geschichten. Hildesheim 1998.

Ludwig, Sabine: Die besten Rabeneltern der Welt. Hamburg 1998.

Meissner-Johannknecht, Doris: Die Puppe Bella. Oder: Bloß keine Schwester! Oldenburg 1998.

Pressler, Mirjam: Leselöwen-Geschwistergeschichten. Bindlach [6]1997.

Schubiger, Jörg: Mutter, Vater, ich und sie. Erzählung. Weinheim 1997.

Steinwart, Anne: Verflixter Tom! und andere Geschwistergeschichten. Würzburg 1995.

Literatur für Geschwisterkinder

Achilles, Ilse / Schliehe, Karin: Meine Schwester ist behindert. Bearb. v. Etta v. Wilken, Andrea Kücksmann, Johannes B. Schädler. Bundesvereinigung Lebenshilfe für Menschen mit geistiger Behinderung. Marburg ³1993.

Habermann-Horstmeier, Lotte: Karin und Max. Geschichten von einem Jungen und seiner geistig behinderten, epilepsiekranken Schwester. Saarbrücken 1998.

Halder, Cora / Lange-Hofmayer, Barbara: Albin Jonathan. Unser Bruder mit Down Syndrom. Hrsg.: Selbsthilfegruppe für Menschen mit Down-Syndrom und ihre Freunde e.V.: Seubert, H. 1994.

Harel, Nira: Eine zuviel. Frankfurt a. M. 1998.

Jäckel, Karin: Mitleid? Nein danke! Stuttgart 1990.

Janssen, Kolet: Mein Bruder ist ein Orkan. Weinheim 1997.

Krenzer, Rolf: Eine Schwester so wie Danny. Hrsg. von Peter Conrady, Herbert Ossowski. Würzburg ⁶1998.

Laird, Elisabeth: Ben lacht. Hamburg 1988.

Lasker, Joe: Tommy ist mein Bruder. Hamburg 1979.

Rück, Solfried: Gänseblümchen für Christine. Reckling-
hausen 1989.

Welsh, Renate / Schwecke, Ulrich: Stefan. Wien / München 1989.

Welsh, Renate: Drachenflügel. Zürich 1988.

Literatur für Eltern und Fachleute

Achilles, Ilse: ...und um mich kümmert sich keiner. Die Situation der Geschwister behinderter Kinder. München / Zürich ²1995.

Hackenberg, Waltraud: Geschwister behinderter Kinder im Jugendalter – Probleme und Verarbeitungsformen. Längsschnittstudie zur psychosozialen Situation und zum Entwicklungsverlauf bei Geschwistern behinderter Kinder. Heidelberg 1992.

Hackenberg, Waltraud; Die psychosoziale Situation von Geschwistern behinderter Kinder. Heidelberg 1987.

Pro Infirmis Auf immer verknüpft – Geschwister in Solidarität und Abhängigkeit. Zürich 1985.

Seifert, Monika: Geschwister in Familien mit geistig behinderten Kindern. Bad Heilbronn 1989.

Winkelheide, Marlies: Ich bin doch auch noch da. Aus der Arbeit mit Geschwistern behinderter Kinder. Bremen 1993.

Literatur über Geschwister

Bank, Stephen P. / Kahn, Michael, D.: Geschwister-Bindung! Paderborn 1991.

Block, Joyce: Du bist unser Wunschkind und du das schwarze Schaf. Wie man sich aus der familiären Rollenzuteilung befreit. Hamburg 1997.

Dunn, Judy / Plomin Robert: Warum Geschwister so verschieden sind. Stuttgart 1996.

Kasten, Hartmut: Geschwister. Vorbilder, Rivalen, Vertraute. 2. überarb. Aufl. Berlin / Heidelberg 1998.

Klagsbrun, Francine: Der Geschwisterkomplex. Frankfurt a. M. 1993.

Lüscher, Berit: Die Rolle der Geschwister. Chancen und Risiken ihrer Beziehung. Berlin 1997.

Petri, Horst: Geschwister – Liebe und Rivalität. Die längste Beziehung des Lebens. Zürich [5]1994.

Verwaiste Eltern Hamburg e.V.: Leben mit dem Tod eines Kindes. Trauer und Behinderung [7]1995.

Für weiterführende Hinweise stehen die Herausgeberinnen gern zur Verfügung:

Charlotte Knees
Köstlergasse 6-8 1/2
A-1060 Wien
Telefon und Telefax: 004301 5871902

Marlies Winkelheide
Moorende 6
D-28865 Lilienthal
Telefon und Telefax: 04208 1040

Ein behindertes Mädchen erzählt

Kathrin Lemler /
Stefan Gemmel

Kathrin spricht
mit den Augen

24 Seiten. Vierfarbig illustriert
Broschur geheftet
ISBN 3-7666-0065-6

Wie ein behindertes Kind lebt, erzählt Kathrin in ihrer autobiographischen Geschichte. Sie kann weder laufen noch sprechen – verständigen muss sie sich über eine Buchstabentafel mit ihren Augen. Dennoch hat Kathrin viel zu „sagen": Ihre Geschichte zeigt, dass ein behindertes Kind wie jedes andere auch Wünsche, Träume und vor allem Freude am Leben hat.

Verlag Butzon & Bercker Kevelaer (In Gemeinschaft mit der Josefs-Gesellschaft e. V. Köln)